William S. Leigh

Zen-Körpertherapie

Rolf · Feldenkrais · Tanouye Roshi

William S. Leigh

# Zen-Körpertherapie

Rolf · Feldenkrais · Tanouye Roshi

Aus dem Amerikanischen von
Dr. Thomas Duffner

Junfermann Verlag · Paderborn
1996

Originaltitel: Bodytherapy – From Rolf to Feldenkrais to Tanouye Roshi
First edition (1987) published as *A Zen Approach to Bodytherapy* by The Institute of Zen Studies, Honolulu.
Second edition (1989) published by Water Margin Press Ltd., 2437 Latimer Avenue, Coquitlam, British Columbia, Canada V3K 3J6
Übersetzung aus dem Amerikanischen: Dr. Thomas Duffner



Satz: adrupa – Paderborn
Druck: PDC – Paderborner Druck Centrum

CIP-Titelaufnahme der Deutschen Bibliothek
**Leigh, William S.:**
Zen-Körpertherapie: Rolf · Feldenkrais · Tanouye Roshi / William S. Leigh. Aus dem Amerikan. von Thomas Duffner. – Paderborn: Junfermann, 1993
Einheitssacht.: Bodytherapy <dt.>
ISBN 3-87387-104-1

ISBN 3-87387-104-1

# Inhalt

Meinem Urgroßvater George Wood gewidmet:
Gliedereinrenker

# Vorwort

Geist und muskuloskeletales System drücken auf ihre Art und Weise jeweils unsere gesamte menschliche Erfahrung aus. Dies ist für einen Therapeuten, der mit humanistischen Psychotherapieverfahren arbeitet, leicht zu akzeptieren. Für mich ist dies ein nützliches und mächtiges Faktum. Trotzdem wird diese Idee bisher von den Hauptvertretern unseres Gesundheitssystems noch nicht akzeptiert. Dies läßt sich möglicherweise auf die Körper-Geist Trennung zurückführen, die immer noch Teil unseres kulturellen Glaubenssystems ist. Da wir in unserer Sprache zwei verschiedene Worte haben, die einen Unterschied zwischen den Funktionen Körper und Geist schaffen, werden wir in eine nebulöse Dualität hineingezogen, die die Verbindungen zwischen den beiden Aspekten betrifft. Kein Wörterbuch, das ich zu Rate zog, medizinische eingeschlossen, enthielt eine Definition des Wortes „Körpertherapie", mit dem ich die Manipulation des Körpers zur Erzielung von Veränderungen, und damit konsequenterweise unserer Bewußtheit unseres Selbst meine. Andere mögliche Alternativen wie „Körperpsychotherapie" oder „somatische Psychologie" sind ebenfalls nicht auffindbar. Der Begriff „psychophysisch" wird mehr der Psychophysik zugeordnet.

In neuerer Zeit war es Wilhelm Reich (ein Mitglied von Freuds Kreis), der als erster den Charakter-Panzer, die wortwörtliche Verfestigung und Verzerrung der Muskulatur beschrieb, die die mentale und emotionale Dysfunktion ausdrückten. Ihm gelang es, verschiedene Körperpunkte zu entdecken und zu manipulieren, um den Dystress zu behandeln. Andere bekannte Namen, die seiner Spur folgten, waren Lowen mit der Entwicklung der Bioenergetik, Rolf mit Struktureller Integration (Rolfing) und Feldenkrais mit Funktionaler Integration. Diese Techniken spiegeln eine ähnliche Philosophie wieder: Was wir im Körper festhalten, halten wir auch im Geist fest.

Daraus folgt, daß die Beeinflussung des Einen das Andere verändert, und daß beides aus einer monistischen Quelle unserer Lebenserfahrung entspringt.

Körpertherapie ist ebenfalls Psychotherapie, da sie den physischen Ausdruck mentaler und emotionaler Ereignisse bewußt werden läßt. Fritz Perls umschreibend, ist Bewußtheit alleine vielleicht heilend.

Vielleicht haben wir jetzt aber Grund optimistisch zu sein, daß der Glaube an die Dualität von Körper und Geist welken und sterben wird. Es gibt neue und eindeutige Beweise der medizinischen Wissenschaften, die eine direkte Beziehung zwischen der Stimmungslage und der Funktionsweise unseres endokrinologischen und immunologischen Systems aufzeigen. Die Verbindung zwischen Denken und somatischen Symptomen haben wir alle schon einmal erfahren.

Dub Leighs Buch bietet interessante Hinweise auf das Körper-Geist-Kontinuum, und wie Interventionen sich reziprok durch das gesamte Kontinuum ausbreiten. „Zen-Körpertherapie" ist für mich ein bewegendes Zeugnis der Pilgerfahrt eines Mannes, der die höchste Meisterschaft in Körpertherapie und persönlichem Wachstum sucht, die für ihn selbst und seine Klienten möglich ist. Dub Leigh ist einzigartig mit seiner Erfahrung und seiner Ausbildung in den drei wirkungsvollen Körpertherapiemethoden von Ida Rolf, Moshe Feldenkrais und Tanouye Tenshin Roshi. Er dürfte die einzige Person mit dieser Qualifikation sein. Wir haben den Vorteil, einen Zugang zu seinen Erfahrungen mit den Meistern und ebenso zu seiner eigenen Meisterschaft und der Integration der genannten Therapien zu erhalten. Mehr noch schulden wir ihm, für seine Offenheit, uns seine einzigartige Geschichte mitzuteilen.

Dub integriert in seiner Körpertherapie jetzt, was andere Therapeuten in ihre verbale Therapien integriert haben. Für mich ist es bemerkenswert, wie sein Studium der Zen-Körpertherapie gleichsam eine Spiegelung des Wachstums transpersonaler Themen in der westlichen Psychologie darstellt, indem es einige Lehren der östlichen Befreiungsreligionen aufnimmt. Für diejenigen, die den Weg der Ego-Transformation suchen, dürfte es keine Überraschung darstellen, daß Körpertherapie ebenfalls Führung sein kann.

Ach ja, noch etwas. Ich habe Dubs Genius in Körpertherapie persönlich erfahren. Glauben Sie mir, er macht gute Arbeit.

*Ed Hershgold*
University of Utah, Medizinische Fakultät

# Vorspann

Es gab einen Punkt in meinem Leben, an dem mich meine Verzweiflung fast vernichtet hätte. Ich war erfolgreicher Geschäftsmann und in meiner Gemeinde angesehen, aber der tiefere Sinn fehlte. Ich war über meine Ziele hinausgeschossen. Ich haßte meine Arbeit, mein Leben, mich selbst. Meine Verzweiflung schmerzte so sehr, daß sie mich zwang, etwas Neues zu finden. Dieses Neue war der tiefe Wunsch zu dienen. Dieser Wunsch verwandelte mein Leben. Er veränderte meine Karriere, meinen Wohnort, meinen Lebensstil, meine Philosophie, alles.

Ich sah großes Leid in den Körpern der Menschen. Ich wußte, wo der Körper verzerrt ist, da sind es die Gefühle und das Denken ebenfalls. Ich wollte helfen und wußte, daß aufgrund meiner Körpergestalt und Natur Körperarbeit der beste Weg sein würde. Ich war schon immer eine zupackende Person gewesen und drücke meine Gefühle lieber durch Berührung als durch Worte aus.

Ich hatte Glück in der zweiten Hälfte meines Lebens, und habe getan, was ich tun wollte. Ich bin einer von zwei Personen auf der Welt, die persönlich sowohl von Ida Rolf als auch von Moshe Feldenkrais ausgebildet wurden. Ida Rolf und Moshe Feldenkrais waren zwei der brillantesten Körperwissenschaftler und Therapeuten der westlichen Welt. Dann, nach zwanzig Jahren Arbeit in diesem Bereich, traf ich Tanouye Tenshin Roshi, einen Meister des Zen sowie der Heil- und Kampfkünste Japans. Unter seiner Anleitung entwickele ich eine Methode der Körperarbeit, die, neben meinem Wissen über Struktur und Funktion, auch die östlichen Lehren über die Zirkulation der Lebensenergie integriert.

Ich schrieb dieses Buch, um meine Erfahrungen mit dir zu teilen und dir die wunderbaren Lehrer vorzustellen, die mich soviel über die Weisheit des Körpers lehrten. Tatsächlich wäre es für mich einfacher, meine Geschichte mit meinen Händen zu erzählen. Ich würde einfach sagen: „Leg dich auf den Tisch und ich zeig dir mit meinen Händen was ich weiß.“ Dies kann ich natürlich nicht tun. Aber wenn ich dich nicht auf die eine Art berühren kann, vielleicht kann ich es auf die andere.

# Dank

Ich möchte meinen Lehrern Dr. Ida P. Rolf, Dr. Moshe Feldenkrais und Tanouye Tenshin Roshi danken. Ohne ihre Freundschaft wäre dieses Buch nie geschrieben worden.

Weiter möchte ich den Folgenden Dank sagen: Jack Swartz von der Alethia Foundation, der die Saat für dieses Buch legte, indem er vor zehn Jahren vorhersagte, daß ich schreiben würde. Betty Fuller, die das Startsignal zum Schreiben gab; Edith Lozier, die mich fortwährend unterstützte, Audrey Nakamura, die mir den letzten liebevollen Schubs gab, die Arbeit zu erledigen; zwei Psychiater: Ed Hershgold und David Berenson, die Ratgeber waren; Carol Costello und Naomi Steinfeld, die die Herausgabe übernahmen; Neal Powers, dem Präsidenten des Rolfing Instituts für seine Begleitung und Unterstützung; Alon Talmi, erster Schüler von Moshe Feldenkrais, für die Korrektur von Moshes Biographie; Doris Levy und Gordon Greene für die vielen Stunden gewissenhaften Korrekturlesens, und besonders Mike Sayama, der mein Manuskript in ein Buch verwandelte.

Ich bin auch für das schöne und nährende Zuhause dankbar, das ich während der Jahre meiner Suche im Esalen Institut und im Chozen-Ji/International Zen Dojo fand.

# Meine Transformation

In Süd-Utah wird erzählt, daß ich von einer guten alten mormonischen Pionierfamilie abstamme. Meine Großmutter war das erste weiße Baby, das im Iron County geboren wurde. Mein Urgroßvater William Barry wurde vom Mob angeschossen und ermordet, weil er als Mormone Polygamie praktizierte. Mein Vater war erfolgreicher Kaufmann und Bürgermeister. Meine Mutter war Lehrerin.

Ich war das schwarze Schaf der Familie. Mit zwölf verabschiedete ich mich aus der Mormonengemeinschaft und verweigerte den Kirchgang. Während meiner High School- und College-Jahre ähnelte ich einem wilden Pferd: betrunken, Autos und Kneipen demolierend und mich mit der Polizei prügelnd, wurde ich von Chicago bis Oregon aus verschiedenen Colleges rausgeschmissen. Mein Vater schickte mir einen monatlichen Wechsel unter der Bedingung, daß ich außerhalb des Staates blieb. Er enterbte mich schließlich, als ich nach Utah zurückkehrte und in ziemliche Schwierigkeiten geriet. Das war das beste, was er für mich tat. Ich regelte die Schwierigkeiten alleine, ohne fremde Hilfe.

1934, nachdem ich die verschiedensten Colleges von innen gesehen hatte und wieder rausgeflogen war, erlernte ich beim größten Hersteller von Möbeln an der Westküste, Dorenbacker Manufacturing of Portland, Oregon, das Herstellen und in der Los Angeles-Filiale von William Volker, dem weltgrößten Vertrieb für Möbel und Bodenbeläge, deren Vertrieb.

Der zweite Weltkrieg unterbrach meine Ausbildung. Pearl Harbour war an einem Sonntag, montags ging ich zum Postamt, um mich der Navy anzuschließen. Die Warteschlange war einen halben Block lang, also ging ich zum Büro des Marine Corps, wo keine Warteschlange, sondern nur ein Offizier und ein Unteroffizier warteten. Ich erzählte ihnen, daß ich im Jahr zuvor versucht hatte zur Army zu kommen, aber wegen körperlicher Einschränkungen abgelehnt worden war. Ich fragte, ob sie mich nehmen würden. Der Unteroffizier fragte, ob ich atmen könne, ich antwortete mit „Ja“ und war angenommen.

Von 1941-1945 nahm ich an zwei Kampfeinsätzen im Südpazifik als Kommunikationsoffizier teil. Ich war stolz auf meinen Titel als Master Sergeant, und unter Kampfstreß schienen mein Geist und Körper besser und länger zu funktionieren als bei denjenigen, mit denen ich Gelegenheit hatte, mich zu vergleichen. Ich sagte, daß ich auf meinen Eingeweiden weiter, als die meisten anderen auf ihren Beinen laufen könnte.

Nach dem Krieg kehrte ich in den Augen meiner Familie als Held nach Utah zurück und stieg ins Möbelgeschäft ein. Zwanzig Jahre lang schuftete ich sieben Tage die Woche zwölf bis achtzehn Stunden täglich. Ich heiratete, zog zwei Kinder auf und besaß schließlich drei Möbelhäuser, eine kleine Finanzierungsgesellschaft und ein kleines Immobiliengeschäft. Ich nahm an jeder Art von Geschäfts- und Marketingseminar zwischen New York, Chicago und Carmel teil. Ich beschäftigte mich intensiv mit Verkaufsmethoden, menschlicher Motivation und bildete Dutzende von Verkäufern aus. Viele davon betreiben heute erfolgreiche Unternehmen.

Zum Beispiel traf ich einen Neunzehnjährigen, der seinen Job nie lange behielt. Er hatte Schwierigkeiten mit seiner schwangeren Frau, seiner eigenen Familie, seiner Schwiegerfamilie und mit der Justiz. Das Einzige was für ihn sprach, war, daß er aus einer angesehenen Familie stammte. Ich willigte ein, ihn einzustellen und auszubilden und garantierte, daß er am Ende des Jahres zehnmal mehr verdienen würde als je zuvor. Als Gegenleistung verlangte ich von ihm, daß er alles tat, was ich von ihm forderte, ohne zu fragen oder zu murren. Er stimmte zu! Wir trainierten sechs Tage die Woche von 7.30 Uhr bis spät in die Nacht. Nach neun Monaten war er Spitzenverkäufer in drei Läden, Preisträger der Junioren-Handelskammer als der herrausragendste junge Mann des Jahres in unserem Ort. Er kaufte ein Haus, wurde Vater eines Sohnes und war der Stolz und die Freude seiner eigenen und der Schwiegerfamilie.

Ich war sehr in Jugendangelegenheiten der Gemeinde engagiert und fungierte zwölf Jahre lang als Vorsitzender und Vorstandsmitglied des Bezirks-Jugendkomitees. Unser größter Erfolg war die Einrichtung eines Arbeitsprogramms für auffällige

Jugendliche. Wir sorgten für die Ausrüstung, während Regierung und Firmen Betreuer zur Verfügung stellten und die Jugendlichen für ihre Arbeit bezahlten. Die Jugendlichen erfüllten einige Aufgaben in der Wüste und den Bergen besser, als Erwachsene das je gekonnt hätten. Ich arbeitete eng mit den örtlichen Bewährungshelfern zusammen und traf mit vielen Jugendlichen sowohl als Lehrer wie auch als Arbeitgeber zusammen. Zwanzig Jahre lang war ich Präsident oder Vorsitzender von fast jeder zivilen Organisation: Rotary Club, Handelskammer, Amerikanisch-Indianischer Rat, Pfadfinder, Amerikanische Legion und Veteranen der Amerikanischen Kriege. Viele Jahre war ich Vorsitzender des Kreiskomitees der Demokraten und Mitglied des zentralen Staatskomitees der Demokratischen Partei. Ich lehrte in der mormonischen Kirche und war ordinierter Priester.

Dennoch war ich nicht zufrieden und ertrank im Alkohol. Ich hatte als Zwölfjähriger mit dem Trinken angefangen und trank als junger Mann völlig hemmungslos. Einmal wachte ich in einem fremden billigen Hotel auf, umgeben von leeren Flaschen und drei Dollar. Ich wußte weder das Datum, noch, wo ich mich befand. Das Letzte, woran ich mich erinnern konnte, war, daß ich in Salt Lake City gewesen war. Ich besorgte eine Zeitung und erfuhr, daß ich mich in Chicago befand. Fast eine Woche war vergangen und ich wußte nicht, was geschehen war.

Mit den Jahren lernte ich, mein Trinken zu planen. Ich nahm mir Zeit frei, kaufte Alkohol und verkroch mich dann auf einem Hotelzimmer. Ich wachte tags darauf auf und lag taub und gefühllos im Bett. Sobald ich meine Stirn reiben und meine Finger wieder fühlen konnte, war es Zeit für den nächsten Drink. Während meiner letzten Trinkerjahre zog ich es vor, alleine zu trinken und trank nie, außer wenn ich mehrere Tage Zeit zur Verfügung hatte.

Das letzte geplante Betrinken fand nicht statt. Ich plante es auf dem Rückweg vom Krankenhaus. Mein erster Sohn war gerade gestorben, ein paar Tage nachdem die Ärzte ihn zerstückelt hatten, beim Versuch ihn zu retten. Ich berichtete meiner Frau von unserem Verlust und wir weinten eine Weile. Dann küßte ich sie, ließ mein Auto auf dem Krankenhausparkplatz stehen und ging zu Fuß zu unserer Wohnung. Jeder Schritt zog mich tiefer in die Apathie.

Im Weitergehen erinnerte ich mich an meinen halbherzigen Selbstmordversuch als Kind. Ich erinnerte mich, wie ich im Krankenhaus aufwachte und einen pulsierenden Schmerz am Handgelenk spürte. Ich lag da, beschämt und angewidert darüber, es nicht geschafft zu haben. Schließlich stieg ich aus dem Bett und suchte im Zimmer nach etwas Scharfem, um die Stiche wieder aufzuschneiden, fand aber nichts. So grub ich die Stiche mit den Fingernägeln meiner linken Hand aus und brachte das Blut erneut zum Fließen. Zuerst kam die Krankenschwester, dann der Arzt. Sie nähten die Wunde und steckten mich in eine Zwangsjacke. Wie ich so dalag, hörte ich das Wimmern einer Kreissäge, die sich in einen Balken hineinfrißt, ein Geräusch, das ich oft in den Sägemühlen Utahs gehört hatte. Ich kniff die Augen zu. Während das Sägeblatt weiter durch den Balken schnitt, kam das Geräusch immer näher und näher. Es würde leiser werden, wenn das Blatt zurückgezogen würde, um mit einem neuen Balken zu beginnen. Ich öffnete die Augen und sah, daß es jedesmal, wenn es aus der Decke auftauchte, näher und näher kam. Hoffnungslos kämpfte ich mit der Zwangsjacke. Mein Terror wuchs mit jedem Pulsschlag. Zuletzt war ich gezwungen auszuatmen und mich ins Bett zu drücken, damit meine Brust nicht auseinander gerissen wurde. Gott, was für eine Erleichterung, als das Sägeblatt mich nicht berührte. Aber dann kam es wieder und ich wußte, daß es mich dieses Mal erwischen würde. Das schreiende und pfeifende Blatt kam näher und näher. Ich schrie und wurde erfaßt. Dann war es vorbei. Ich lag auf dem Boden und weinte. Das war vor langer Zeit.

Als ich unsere Wohnung erreichte, war es sechs Uhr abends, und die Spirituosenhandlung schloß erst gegen acht Uhr. Ich hatte achtundzwanzig Dollar, genug, um einige Flaschen zu kaufen. Ich warf mich aufs Bett. Es gab keinen Menschen und keinen Gott, es gab niemand, an den ich mich um Trost wenden konnte. Nur mich. Ich fing an zu schluchzen und schlug auf das Bett ein. Nach einer Weile hörte ich auf, und blickte ein paar Minuten aus dem Fenster. Dann wandte ich meine Augen wieder ins Zimmer und sagte laut: „Es bleibt kein anderer Weg mehr als der nach Innen." Ich schlug mit der Faust auf meine Körpermitte. Irgendetwas in meinem Körper zerbrach und breitete sich wie ein Blutstrom aus. Ein warmes Leuchten, das vom Solar Plexus aus in alle Richtungen strahlte. Eine vollkommene Ruhe strömte in jede Zelle und jede Faser meines Körpers. Als die Wärme meine Füße erreichte, schlief ich friedlich ein.

Ich erwachte gegen drei Uhr morgens, zog mich aus, ging wieder schlafen und erwachte munter am nächsten Morgen. Erst später wurde mir klar, daß mein Trinkzwang verschwunden war und seit nunmehr dreißig Jahren verschwunden blieb.

Ich kehrte zu Leighs Möbelfirma und meinen öffentlichen Ämtern zurück. Eines Tages rief mich ein Freund an, um sich darüber lustig zu machen, daß ich der größte private Steuerzahler im Iron County wäre. Wütend stritt ich es ab, um kurze Zeit später einzusehen, daß er recht hatte. Ich war erfolgreicher, als ich es jemals erwartet hatte, und noch immer war ich nicht glücklich. Ich war sehr niedergeschlagen und meine Depression wurde schlimmer, als Karl, ein geliebter und vertrauter Mitarbeiter, langsam an einem Emphysem starb, und ein anderer Mitarbeiter bei einem Autounfall während einer Geschäftsreise ums Leben kam. Meine Frau brachte mich schließlich zum Hausarzt. Dieser schickte mich in die Universitätsklinik von Utah. Dort meinten sie, ich wäre über meine Ziele hinausgeschossen und rieten mir, eine neue Arbeit zu suchen, bei der ich anderen helfen konnte, ihr Leben besser zu meistern. Ich hatte aber jegliches Interesse am Leben verloren, und das Atmen begann mir schwerzufallen. Die Ärzte meinten, ich hätte ein Emphysem, und wieder wollte ich einfach nur sterben, damit es vorbei sei.

Ungefähr zu dieser Zeit, Mitte der sechziger Jahre, wurde ich gefragt, ob ich nicht das Iron County auf einem Workshop der National Training Laboratories (NTL) am College von Süd Utah vertreten könnte. Die Absicht war, Schwarzenführer, studentische Aktivisten und führende Vertreter der Gesellschaft an einen Tisch zu bringen und einen Monat lang zusammen leben und arbeiten zu lassen, um zu sehen, ob wir uns als Individuen und als Gruppe verändern würden. Ich hatte nichts zu verlieren, packte meine Sachen und ging die paar hundert Meter von zu Hause zum Campus.

Als ich den Versammlungsraum betrat, sah ich dort einen großen Farbigen im Schneidersitz sitzen. Ich stellte mich als Vertreter des Rotary Clubs und des Countys vor und hielt die Willkommensrede der Handelskammer. Er lehnte mein Händeschütteln ab und sagte: „Verpiß dich!" Einen Monat später wartete der gleiche Mann auf mich, damit ich ihn an den Flughafen zu seinem Flug zurück nach Chicago bringen konnte. Uns beiden standen die Tränen in den Augen, als wir uns umarmten und verabschiedeten.

Die Teilnehmer waren in Gruppen zu meist je drei eingeteilt. Meine bestand aus Billie, einer jungen farbigen Sozialarbeiterin aus Minnesota, einem 60jährigen jüdischen Krankenhausverwalter aus Chicago, mir selbst und einem Berater. Wir bekamen vier Stunden Zeit, um eine vorgegebene Aufgabe zu erfüllen.

Ich hatte größte Schwierigkeiten, die Arbeit zu erledigen. Die kleine Farbige störte dauernd und brachte die Dinge durcheinander. Ich nahm es humorvoll und erledigte die Aufgabe. Der Verwalter übernahm den Papierkram, der Berater saß nur da und machte sich Notizen.

Nach der Sitzung, als ich mit ihm den Korridor hinunterging, sagte ich zu ihm: „Wir haben die Arbeit trotz des farbigen Mädchens geschafft." Er antwortete: „Weißt du, wie oft du Billie unterbrochen hast? Neunundzwanzigmal!" Ich warf ein, daß wir nichts erreicht hätten, hätte ich es nicht getan.

Um drei Uhr morgens lag ich unruhig und wach im Bett. Ich konnte das Gespräch mit dem Berater und seine Blicke nicht vergessen. Ich erinnerte mich immer wieder daran, wie ich Billie neunundzwanzigmal das Wort abgeschnitten hatte und hörte sie immer wieder sagen: „Dub, du hörst mich nicht." Jetzt wußte ich, daß es wahr war. Ich hatte gedacht, sie sei schwarz, weiblich, jung und dumm, und daß sie getreten werden mußte, falls wir die Arbeit erledigen wollten. Ich nahm die Teilnehmerliste und erfuhr, daß Billie in Minnesota einen wichtigen Posten innehatte. Es machte keinen Sinn, daß sie dumm und unproduktiv sein sollte. Ich wanderte für den Rest der Nacht über den Campus und biß mir auf die Zunge.

Als Billie am nächsten Morgen um 6.30 Uhr herauskam, wartete ich auf den Stufen ihres Appartements, um ihr zu sagen, was ich herausgefunden hatte. Wir umarmten uns und weinten. Wir hielten uns und weinten noch immer, als wir den Frühstücksraum betraten. Fünf meiner Cousins bedienten und sahen ihren weißen, verheirateten, mormonischen Cousin weinend, im Arm ein schwarzes Mädchen, zum Frühstück kommen. Das Durcheinander in der Küche und beim Servieren an diesem Morgen war unbeschreiblich.

Am Tag bevor sich unsere Gruppe auflöste, saß ich vor einer Mauer und dachte an die Welt, in die ich zurückkehren sollte. Ich wandte mich an eine Beraterin und sagte: „Ich will nicht zurück." Sie antwortete einfach: „Weshalb gehst du dann?" Die Frage traf mich wie ein Hammerschlag. Ich hatte niemals auch nur daran gedacht, mich von Leighs Möbelfirma zu trennen. Alle Arten von Gefühlen stiegen in mir auf. Tränen strömten über mein Gesicht. Ich sagte: „Ich gehe nicht zurück." Dann wandte ich mich wieder zur Mauer und betrachtete sie lange Zeit.

Einige Tage später rief mich ein Harvard-Professor vom Esalen Institut, Big Sur in Californien, an. Er war in unserer NTL-Gruppe gewesen und meinte, daß das Esalen-Programm genau das richtige für mich sei, um ein neues Leben mit dem Ziel zu dienen, zu beginnen. Ich verbrachte einen Monat dort. Nachhause zurückgekehrt, erhielt ich einen Anruf von John Heider, dem Leiter des Instituts. Er fragte, ob ich daran interessiert sei, ständiger Bewohner von Esalen zu werden. Er sagte, daß es neunhundert Bewerber gäbe, von denen zwölf ausgewählt würden, und fragte, ob ich einer davon sein wolle. Ich sagte „Ja" und verließ am nächsten Morgen Utah, meine Firma und meine Familie, um ein neues Leben zu beginnen.[1]

# Strukturelle Integration

# Rolfing

Mein Training als ständiger Bewohner von Esalen beinhaltete auch zehn Stunden Rolfing: einer Körperarbeit, die von Ida Rolf entwickelt wurde, um beide Seiten des Körpers ins Gleichgewicht zu bringen und die Hauptsegmente des Körpers: Kopf, Schultern, Thorax, Becken und Beine im Einklang mit dem Gravitationsfeld der Erde anzuordnen. Dies wird vom Rolfer dadurch erreicht, indem er das Bindegewebe des Körpers von Abweichungen befreit, die sich aufgrund physikalischer oder psychologischer Traumata angehäuft haben.

## *Meine erste Stunde*

In der ersten Stunde werden weite Gebiete des Körpers bearbeitet, um Verklebungen des oberflächlichen Bindegewebes zu lösen. Den Brustkorb zu befreien, das Atmen zu verbessern und den Körper mit mehr Sauerstoff zu versorgen, das ist das Ziel der Manipulationen im Brustbereich. Bei Hüften, Hüftgelenken und Oberschenkeln liegt das Augenmerk darauf, die Beine vom Becken zu lösen. Danach werden noch das Gebiet der zwölften Rippe, die Crista Iliaca, der Nacken und der Rücken bearbeitet.

Ich hatte viele Leute gehört, die sich über die Schmerzen beim Rolfing beklagten; ich selbst zweifelte aber nicht daran, daß ich es, nach allem was ich im Krieg durchgemacht hatte, ohne große Probleme überstehen würde. Auf den Schmerz, der dann auftauchte, war ich jedoch nicht vorbereitet. Überall wo der Rolfer mit seinen Fingern, Knöcheln oder Ellbogen arbeitete, trat alter, von mir längst begrabener Schmerz auf, der erlebt und losgelassen werden wollte. Aber es war eine andere Art von Schmerz, er wurde häufig von Brennen begleitet. Wenn der Druck nachließ, trat an die Stelle des Schmerzes ein angenehmes Gefühl. Manchmal erschien das angenehme Gefühl gleichzeitig mit dem Schmerz.

Dann gab es da noch das „Gift", das ich in meinem Mund schmecken und in meinem Atem riechen konnte. Der Rolfer erklärte dazu, daß abgelagerte Gifte aus ihren Depots kommen und sich in meinen Körperflüssigkeiten lösen würden. Dann würden sie über die Atemluft abgegeben werden.

## *Meine zweite Stunde*

Die zweite Stunde ist die Fortsetzung der ersten mit Arbeit an Knien, Knöcheln, Füßen, Schultern und am Rücken. Die Beine werden in eine bessere Verbindung zum Becken gebracht, um damit den Menschen besser zu erden.

Am Tag vor meiner zweiten Sitzung muß ich wohl gedacht haben, ich könnte schweben, als ich aus einem Seminar kam. Ich lief auf einer Steinmauer entlang und sprang, in der Erwartung von weichem Gras, etwa drei Meter in die Tiefe. Es gab eine Menge Gras, aber ich verletzte mir zwei Zehen an einem Stein. Ich erzählte dies meinem Rolfer, und er erwiderte, daß wir sie einfach nicht beachten würden.

Der Rolfer begann mit dem guten Fuß, und all die dort begrabenen alten Traumata kamen hervor. Meine Füße waren sehr breit. Bis zum Krieg wußte ich nicht einmal, daß es so breite Schuhe gab, und ich verbrachte meine Jugend damit, meine Füße in viel zu enge Schuhe zu quetschen. Dann folgte die Zeit bei den Marines mit erzwungenen Märschen in voller Ausrüstung. Der Schmerz in meinen unglücklichen Füßen wurde so stark, daß ich ihn abschaltete. Selbst als Blut in den Stiefeln quatschte, fühlte ich nichts. Es war, als ob die Füße eingefroren waren, es war meine Art zu überleben.

Als der Rolfer begann, mit meinem guten Fuß zu arbeiten, kehrte Leben und Gefühl mit einem Kribbeln zurück, das dem Abheilen von Erfrierungen glich. Dann begann der wirkliche Schmerz. Ich erlebte vergangene Zeiten und Orte, während ich, mein Gesicht in meinen Händen vergraben, still weinte.

Der Rolfer gab mir ein wenig Zeit, meine Fassung wiederzugewinnen. Dann begann er mit dem zweiten Fuß mit den beiden gebrochenen Zehen. Zu meiner Überraschung war dieser Fuß, trotz der gebrochenen Zehen, nicht so schmerzhaft wie der erste und erforderte weniger Zeit. Meine Schultern waren dann wie eine leichte Brise, eine wahre Freude nach den Füßen. Ich verließ diese Prüfung zufrieden mit mir und meinem Rolfer.

## *Die dritte Stunde*

Die dritte Stunde konzentriert sich auf die Verlängerung der beiden Körperhälften, mit dem Ziel, das Atmen effizienter und den Rumpf beweglicher zu machen. Am Ende ist der Körper ausbalanciert und gestreckt.

Diese Stunde war einfach. Etwas Schmerz bei den Rippen und ein wenig alter Husten und Würgen, aber nach der zweiten Sitzung war die dritte ein Vergnügen.

## *Meine vierte und fünfte Stunde*

In der vierten Stunde werden die Beckenmuskeln bearbeitet, die die Beine mit dem Rumpf verbinden. In der fünften Stunde werden die Beckenmuskeln bearbeitet, die oberhalb des Beckens liegen. Diese beiden Sitzungen werden normalerweise innerhalb einer Woche gegeben. Nachdem der Rolfer sich eineinhalb Stunden in die Innenseite meiner Beine gearbeitet hatte, meinte er, es sei genug. Montag morgen würde ich ihn wiedersehen, was bedeutete, daß ich bis zur fünften Stunde zwei Tage frei haben würde.

Es war für uns beide eine harte Sitzung gewesen. Der Rolfer wog etwa fünfundachtzig und ich gut hundert Kilogramm. Als es Zeit war, durch meinen Bauch hindurch meinen Psoas nahe der Wirbelsäule zu bearbeiten, schien es, als ob er nicht die Kraft und das Gewicht dafür hätte. Er versuchte es immer wieder, aber seine Hände reichten einfach nicht so tief hinein.

Am nächsten Tag fuhren ein Freund und ich von Esalen zur Esalen-Forschungsstation am Agnew Hospital in San Jose. Nach

Beendigung unserer Arbeit fuhren wir nach Palo Alto, um die Nacht bei Freunden zu verbringen. Als wir dort ankamen, sagte ich meinem Freund und unseren Gastgebern, daß ich mich sehr unwohl, rastlos und ungeerdet fühlte. Ich entschuldigte mich vom Abendessen und sagte, daß ich alleine sein und spazieren gehen wolle. Es war sechs Uhr abends als ich losging, und um drei Uhr morgens war ich immer noch unterwegs. Ich kam zu einem Motel und dachte, daß ich vielleicht nach einem heißen Bad schlafen könnte. Ich mietete ein Zimmer, nahm ein Bad und legte mich aufs Bett. Der Schlaf wollte nicht kommen. Ich wälzte und drehte mich hin und her. Schließlich gab ich auf, ging die vielen Meilen zum Haus meiner Freunde zurück und kam gegen neun Uhr morgens an.

Meine Freunde rieten mir, meinen Rolfer anzurufen. Er sagte, daß diese Effekte eindeutig auf das Rolfing zurückzuführen seien und erklärte, daß die untere Hälfte des Beckens bearbeitet worden war, die obere Hälfte jedoch noch nicht. Er sagte, daß sobald ich zurück in Esalen sei, er meinen Körper wieder ausbalanciere. Ich nahm ein Flugzeug nach Monterey und kehrte so schnell ich konnte zurück. Was für eine Erleichterung, als er mit der fünften Sitzung begann. Das Unwohlsein schwand, Ruhe und das Gefühl, gut geerdet zu sein, breiteten sich aus. Alles auf der Welt schien in Ordnung zu sein.

Später hörte ich Ida oft sagen, daß die vierte und fünfte Sitzung eigentlich eine lange, zusammenhängende Sitzung seien. Sie beharrte darauf, daß, bevor man mit der fünften Stunde begann, die Zeit zwischen beiden gerade lang genug sein sollte, um dem Körper Erholung von der vierten Stunde zu gewähren.

## *Meine sechste Stunde*

Die sechste Stunde bearbeitet die Rückseite der Beine, die Pobacken und den Rücken. Sie führt die Öffnung und Streckung des Körpers fort. Nach dieser Sitzung ist die Struktur der Beine und des Rumpfs beweglich und ziemlich ausbalanciert. Der Nacken ist jedoch gewöhnlich noch zu weit vorn.

Diese Sitzung war ohne große Ereignisse und fast ohne Schmerzen. Der Rolfer beschwerte sich darüber, daß meine Pobacken zu klein seien und er die Aufgabe hätte, sie wie Kissen aufzuschütteln.

## *Meine siebte Stunde*

Die siebte Stunde bearbeitet die Nacken- und Kopfmuskeln, und richtet den Kopf über der Mitte der Schultern aus. Es wird auch im Mund gearbeitet. Als der Rolfer versuchte, meine Schlüsselbeine zu lösen, griff ich nach seinen Händen. Jahrelang war ich kitzelig gewesen, wenn irgend jemand seine Hände an das untere Ende des Nackens legte. Schließlich sagte ich dem Rolfer, er solle fortfahren. Kurz darauf verloren sich Schmerzen und Kitzel. Ein Bild meines früheren Zuhauses in Utah tauchte auf. Es war Herbst. Die Blätter des Apfelbaumes lagen im Gras. Ein Wasserhahn tropfte. Ich sah ein paar Kinder im Kreis stehen: Es waren mein Bruder, mein Cousin und zwei Nachbarskinder. Dann sah ich drei Kinder am Boden balgen. Zwei versuchten einen Dritten am Boden zu halten, der verzweifelt versuchte, hochzukommen. Ein Kind hatte seinen Arm um dessen Hals gelegt. Ich schrie: „Die erwürgen das Kind. Mein Gott, das bin ja ich." Als ich dies rief, packte ich den Rolfer am Kragen und warf ihn quer durch das Zimmer. Dann schrie ich, schlug auf den Tisch und war schließlich „weg". Es muß ausgesehen haben, als ob ich bewußtlos geworden sei.

Nach langer Zeit hörte ich eine Stimme wie durch einen Tunnel hallen. Schließlich verstand ich die Worte: „Kannst du mich hören? Dub, kannst du mich hören?"

Ich öffnete meine Augen und sagte „Ja". Der Rolfer bat mich nachzuschauen, wo seine Hände waren. Sie waren direkt am unteren Ende des Nackens unter meinen Schlüsselbeinen. Der Kitzel und die Schmerzen waren vollständig verschwunden und sind es bis heute.

Der Rolfer hatte genug, er setzte mich wieder zusammen und ließ mich dann gehen. Ich ging von den Bädern in Esalen zu Fritz Perls

Haus, wo ich in einem Gestaltworkshop assistierte. Ein kleinwüchsiger Psychiater aus New York fragte mich, was in der Rolfing-Sitzung passiert sei. Ich erwiderte, daß ich nicht darüber reden wolle. Er meinte, daß es der Gruppe gegenüber unfair sei, wenn ich mich nicht mitteilen wollte. Ich ging hinüber, packte den kleinen Kerl und ging, ihn über meinem Kopf tragend, auf die Veranda, die über die Klippe hinausragte. Die überraschten Teilnehmer ergriffen uns beide, als sie sahen, daß ich es ernst meinte. Der verängstigte Psychiater eilte zur Rezeption, meldete sich ab und brachte sich nach New York in Sicherheit.

Bei Tagesanbruch am nächsten Tag saß ich auf einem Baumstumpf und blickte auf den Ozean. Ich schaukelte mit meinem Körper vor und zurück, und wurde dabei immer größer. Ich spürte sehr deutlich ein warmes Glimmen an der Basis meiner Wirbelsäule. Die Wärme nahm langsam zu, stieg nach oben, während sich meine Wirbelsäule aufrichtete und mich ein reines und friedliches Glühen erfüllte. Schließlich drückte es durch meine Schädelbasis und dann durch den Scheitelpunkt heraus. Ich weiß nicht, wie lange ich mich in dieser Erfahrung verlor.

## *Meine achte Stunde*

Die achte Sitzung bearbeitet das Gleichgewicht und die horizontalen Ebenen der unteren Körperhälfte. Der Fokus liegt auf dem Beckengürtel.

Die Sitzung fand in Monterey, auf meinem Weg nach Utah statt. Ich war schlecht gelaunt und nicht glücklich darüber, nach Utah zurückzukehren. Als ich meinem Rolfer erzählte, daß ich von Ida für die Ausbildung angenommen worden war, faßte er dies als Auftrag auf, daß ich einen gut durchgearbeiteten Körper haben müßte. Ida war dafür bekannt, daß sie die Arbeit an einem Menschen beurteilte, und die Leute anrief, die ihre Standards nicht erfüllten. Nun, ich hatte Widerstände und der arme Rolfer arbeitete über zwei Stunden lang. Ich fühlte mich wie durchgeprügelt. Er gleichfalls, sagte aber: „Du mußt richtig aussehen, wenn du vor Ida stehst, und bis dahin haben wir nur noch zwei

Sitzungen." Auf jeden Fall beendete er die Stunde und riet mir, die Nacht besser in einem Motel zu verbringen, bevor ich nach Utah weiterfuhr. Ich lasse mir nicht sagen, was ich zu tun habe, und so fuhr ich achtzehn Stunden lang. Ich war wirklich erschöpft, als ich in Utah ankam, und wußte, daß ich nie wieder gerolft werden wollte, und es kümmerte mich nicht im geringsten, ob ich je von Ida ausgebildet werden würde oder nicht. Ich fuhr drei Tage später unausgeglichen und ungeerdet nach Esalen zurück. Es war Monate später, als mein Körper erneut nach Arbeit schrie und ich mir einen Termin für die neunte Stunde holte.

## *Meine neunte Stunde*

Die neunte Stunde bearbeitet das Gleichgewicht und die horizontalen und vertikalen Ebenen der oberen Körperhälfte. Der Schwerpunkt liegt auf dem Schultergürtel.

Von allen bisherigen war dies die zufriedenstellendste und angenehmste Stunde. Mein Körper war überreif und jede Bewegung, die der Rolfer unternahm, schien die Strukturen an den angemessenen Platz zu bringen. Mein Körper war ausgeglichen und ganz. Er bestand nicht länger aus Teilen, die nicht zusammenpaßten. Es war eine wahre Freude, hinauszugehen. Ich fühlte mich leicht und größer. Ich war froh, Rolfen gewählt zu haben, und glücklich über die Gelegenheit, von Ida ausgebildet zu werden.

## *Meine zehnte Stunde*

Die zehnte Stunde war eine leichte Brise. Die Rolfer sagen, wir blasen dir in die Nase, klopfen dir auf den Rücken und die zehnte Sitzung ist fertig. Während dieser Sitzung wird der Körper endgültig ausgewogen und angeordnet. Der Körper ist psychisch, emotional und spirituell ausgeglichen und der Mensch wird auf einer höheren Ebene eins. Ich fühlte diese neue Höhe tatsächlich.

# Ida Rolf

Ida besaß einen Doktortitel der Columbia Universität in Organischer Chemie, hatte ausgedehnt Yoga Asanas praktiziert und intensiv Osteopathie und Homöopathie studiert, ehe sie ihre eigene Methode der Körperarbeit entwickelte. Sie hatte große Widerstände und rechtliche Probleme zu überwinden, bevor sie Anerkennung für die Art und den Wert ihrer Arbeit erhielt. Als sie 60 war, sah sie wie eine kleine, nette, alte Oma aus, war jedoch breiter und viel kräftiger als sie aussah und liebte es zu streiten. Ich hatte schon früher bei ihren Seminaren zugehört, traf sie dann aber schließlich, als sie mit Freunden im Haupthaus von Esalen aß. Ich ging an ihren Tisch, kniete mich auf der Seite hin und stellte mich vor. „Dub Leigh," rief sie, „ich weiß alles über dich. Wie du z. B. Leute an Colleges gerolft hast, und es dann in den Schülerzeitungen berichtet wurde." Ich fragte, wie ich rolfen könnte, ohne je ausgebildet worden zu sein. Sie beschuldigte mich, daß ich ihrer Sekretärin das Leben schwermache und ihrem ganzen Team Ärger verursacht hätte. Ich hatte darauf gedrängt, mit ihr über eine Ausbildung zu sprechen, obwohl mir gesagt worden war, daß ich zu alt sei, keinen medizinischen Abschluß hätte und selbst in einem fürchterlichen Zustand wäre. Wir wurden ziemlich laut und gingen deshalb in eine andere Ecke des Hauses, wo wir alleine waren. Die Diskussion wurde immer hitziger, und wir begannen, gegenseitig mit Fingern auf uns zu zeigen. Ida schüttelte mir ihre Faust entgegen und stand auf. Ich dachte, jetzt ist alles aus. Ich hatte meine Chance, jemals Rolfing zu lernen, verspielt.

Wir standen da, schauten einander an, bis Ida schließlich sagte: „Zeig mir deine Hände." Sie nahm sie, untersuchte sie, schaute mir in die Augen und sagte dann: „Dub, ich werde einen Rolfer aus dir machen." Was jetzt folgt, sind Unterrichtsstunden und Erinnerungen aus meiner Zeit mit Ida.

Es war meine erste Stunde im ersten Unterrichtsabschnitt bei Ida. Ich hatte das Rezept für die erste Stunde rekapituliert und arbeitete am weichen Bindegewebe des Brustkorbs. Ich schob es zur Mitte und kopfwärts und fühlte, wie der Brustkorb sich aufrichtete und ausdehnte. „Dub, an welchen Muskeln arbeitest du?" fragte Ida. Ich benannte die Muskeln. „Ursprünge und Ansätze?" fuhr sie fort. Ich sagte, die wüßte ich nicht. Sie fragte wieder und ich antwortete dasselbe. Wir wiederholten es ein drittes Mal. Dann wandte sich Ida an ihren Assistenten und fragte ihn, was ich im Unterricht zu suchen hätte, wenn ich diese Fragen nicht beantworten könnte. Er antwortete, daß seiner Einschätzung nach ich nicht im Unterricht sein sollte.

Irgend etwas platzte in mir. Mein Gesicht wurde knallrot und ich erlebte, wie ich die Muskeln, ihre Ansätze und Ursprünge mit einer schnellen, angestrengten und ungewohnten Stimme aufsagte. Ich ließ den Ansatz des Muskulus Pectoralis minor aus und Ida stürzte sich sofort darauf. Ohne nachzudenken schrie ich: „Die Spina der Scapula, den Prozessus Coracoideus." Ich war mir nicht sicher, ob das stimmte, aber Ida war still.

Ich beendete die Arbeit an meinem Partner und ging auf die Veranda, um mich abzukühlen und meinen Schweiß von der Ozeanbrise trocknen zu lassen. Ein anderer Student folgte mir, grinste und sagte: „Deine Vorstellung vom dummen Jungen heute morgen ging aber ganz schön daneben."

Eine der Frauen in der Gruppe meinte, daß es besser für meinen Körper wäre, wenn ich ein paar Pfunde verlöre. Ida widersprach: „Er braucht jedes Kilo, das er hat. Wer soll denn die hundert Kilo schweren Körper bearbeiten? Er braucht jedes Kilo, um sich damit auf diese Leute zu stützen." Ida war der Meinung, daß kein Rolfer mit Klienten arbeiten sollte, die schwerer sind als er selber, und daß grazile weibliche Rolfer nur mit Kindern arbeiten sollten.

„Ich würde Dub an die Spitze der Endomorphen stellen. Schaut euch seinen Körper an: hängende Schultern, dicker Bauch, alles Innereien: ein reiner, hundertprozentiger Endomorph, ein Buddha." Sie fuhr fort zu erklären, wie ich Magen- und Lungenkrankheiten bekommen würde, dafür aber keine Krankheiten des Nerven- und Muskelgewebes, die dem ektomorphen und mesomorphen Typus zugeordnet werden. Ihre letzte Überlegung zu dem Thema war, daß Rolfer, die zur

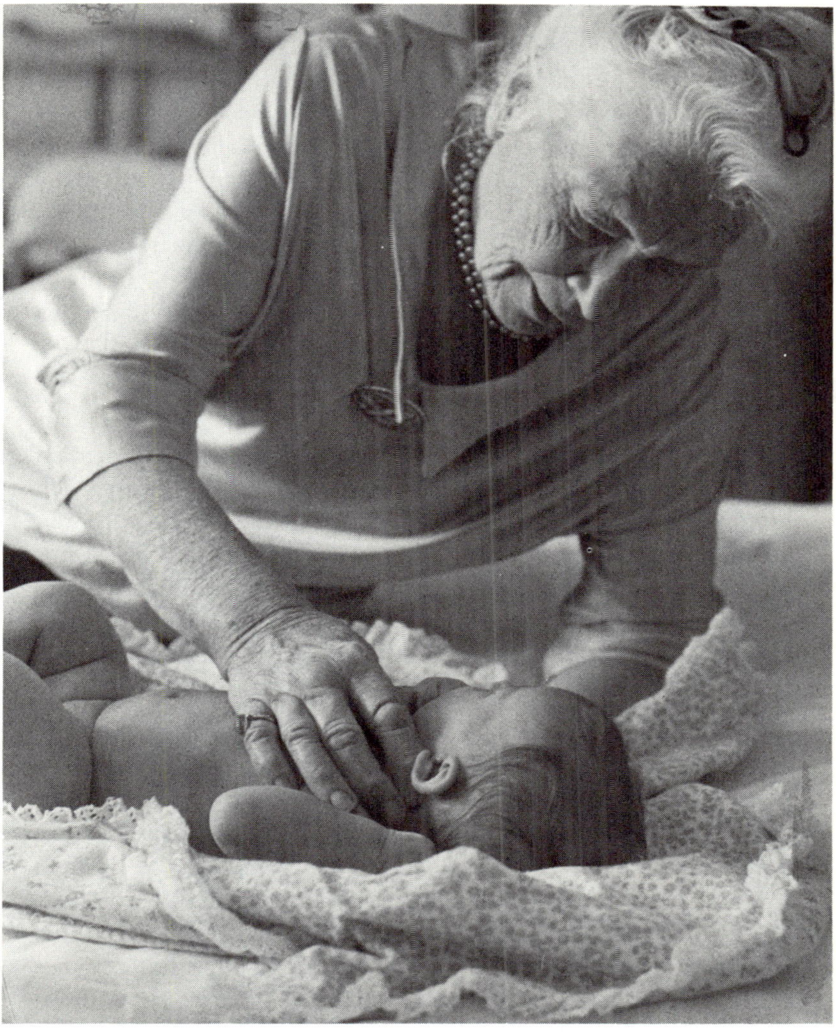

*Ida bei der Arbeit mit einem Baby*

Gruppe der Mesomorphen gehörten, ihre Körperbalance und -anordnung nicht so schnell zerstören würden, wie ekto- oder endomorphe Typen gleichen Gewichts.

Ida rief vom Schaukelstuhl aus ihre Anweisungen, während drei Rolfer an mir arbeiteten. Ich hatte beschlossen, daß ich alles bewältigen würde, was die drei ans Licht brächten. Ich blieb bei ihnen, folgte mit meiner ganzen Aufmerksamkeit ihren Fingern, so daß der Schmerz kein Problem war. Nachdem sie aufgehört hatten, ging ich auf die Veranda und trank eine Tasse Tee. Nach etwa der Hälfte der Tasse begann ich, unkontrollierbar zu schluchzen. Ida hörte es und brachte mich zurück zur Gruppe, wo sie selbst eine Zeitlang mit mir arbeitete, ohne daß sie das Weinen beeinflussen konnte. Sie beauftragte einen Arzt, mich ins Motel zu bringen, mich einzuschließen und mir meine Autoschlüssel abzunehmen.

Im Motel angekommen, weinte ich noch immer. Ich sah mich im Zimmer um und sah eine Pflanze, die ebenfalls weinte. Ich holte Wasser und goß es in die Erde und hoffte, daß sie aufhören würde. Dann nahm ich eine leere Büchse und grub, eine Tränenspur hinterlassend, gute schwere Erde aus. Ich schüttete die Erde rund um die Pflanze, wässerte sie und sie hörte auf zu weinen. Ich ging ins Bett, streckte mich aus und schlief, vollständig angezogen, zwölf Stunden lang.

Wieder leitete Ida drei Rolfer an, die mich bearbeiteten. Sie sagte ihnen, daß es bisher niemandem gelungen sei, an die Basis meines Zwerchfells zu kommen und sie wolle, daß dies nun hier und jetzt geschehe. Ich fühlte drei paar Hände in meine Körpermitte eintauchen, während Ida sie anfeuerte. Gerade in dem Moment, als einer seine Hände unter meine Rippen bekommen hatte, kam Ida und schubste ihn weg. Sie legte ihre eigenen Hände und ihr Gewicht unter meine Rippen. Ich hatte bisher noch niemanden so tief in meinem Brustkorb erlebt und sagte zu mir selbst: „Laß diese kleine alte Dame herein." Dann nahm sie ihre Hände wieder heraus und sagte den anderen Rolfern, daß sie mich in Ruhe lassen sollten. Ida fragte immer wieder, was ich gefühlt hätte und welche Gedanken durch meinen Kopf gegangen wären, als sie ihre Hände in mich eintauchen ließ. Schließlich kam es heraus: „Kein verdammter Hurensohn kann mir irgend etwas antun, es sei denn, ich laß ihn.“ Ida lachte und sagte, daß das der Angelpunkt meines Seins, der Grundsatz meiner Lebensauffassung sei.

Ida sagte uns, daß wir uns nicht darum sorgen sollten, was unsere Arbeit vielleicht bei Klienten auftauchen läßt. Ihre Anweisung war, aufmerksam und unterstützend zu bleiben, aber in keiner Weise zu stören. Sie wies uns an, nicht nach persönlichen Dingen zu fragen, unsere Klienten reden zu lassen, wenn es ihnen half, und ihnen zu sagen, daß wir nur zuhören würden, wenn es ihnen helfen würde. Ida betonte, daß unsere Klienten mit allem umgehen könnten, was sie auftauchen ließen. Meine eigenen Erfahrungen bestätigen dies.

Klienten setzten häufig während der Arbeit „Gifte“ frei. Diese Toxine stammen von früheren Verletzungen. Sie lassen Augen und Nase feucht werden, hinterlassen einen metallischen Geschmack auf der Zunge und verschmutzen die Umgebung.

Ida hatte folgendes Rezept für den Umgang mit den Giften:

1 große eiserne Bratpfanne
1 Topfhandschuh
3/4 Tasse voll mit Epsom Salz
3/4 Tasse Alkohol zum Einreiben
1 Schachtel Streichhölzer

Das Salz in die Bratpfanne, den Alkohol darübergießen und anzünden. Handschuh anziehen und die brennende Pfanne im Uhrzeigersinn durch das Zimmer tragen. Alle Fenster und Türen müssen währenddessen geöffnet sein.

Ida glaubte an Zellsalze. Als sie eines Tages mein Weinen nicht stoppen konnte, gab sie mir vier kleine weiße Pillen, die bei mir ein Gefühl von mehr Erdung hervorriefen und mir über meinen Weinanfall hinweghalfen. Ich fragte sie, was das gewesen sei und wo ich es bekommen könnte. Ohne mit der Wimper zu zucken, erzählte mir Ida, daß eine alte Frau dieses Salz an der Decke einer Höhle in Montana abkratze und zubereiten würde. Ich bot mich an, wenn ich mal wieder nach Utah fuhr, etwas davon mitzubringen, aber sie ging nicht darauf ein. Einige Jahre später, als wir von San Francisco nach Big Sur fuhren, fand ich die Wahrheit heraus. Ida gab zu, daß sie mich auf den Arm genommen hatte und erzählte, daß die Pillen „Zellsalze“ waren, genauer gesagt Kaliumphosphat. Sie sagte, daß sie einige Jahre zuvor in den USA noch illegal gewesen seien und sie sich in Canada versorgt hätte, indem sie die Luft aus ihrem Ersatzrad gelassen und es mit Zellsalzen gefüllt hätte. Sie erklärte, daß diese Zellsalze ausgleichend und stabilisierend auf die Funktion des Gehirns und des Nervensystems wirken würden.

Es gab ein Kapitel, das nicht in Idas Buch über Rolfing erschien. Eine etwa sechzigjährige Frau, Mutter von fünf Kindern, erreichte nach vier Lektionen den Wert neunzig auf dem „Kegelmeter“, einem Meßinstrument, das den Druck registriert, den eine Frau mit ihrer Scheidenmuskulatur ausüben kann. Diese Daten geben Aufschluß über die sexuellen Fähigkeiten bzw. die Reaktionsfähigkeit einer Frau. Wir glaubten nicht, was wir sahen. Die jungen, wohlproportionierten Frauen in Esalen erreichten nur Werte zwischen vierzig und sechzig auf dem Kegelmeter. Als die Frau unser Erstaunen sah, erzählte sie, daß sie auf Idas Rat hin Dr. Kegels Übungen aus dem Buch von Ronald M. Deutsch, „The Key to Feminine Response in Marriage“ (New York, Random House, 1968) ausgeführt hatte.

Ida begann ein Forschungsprojekt in ihrer ersten Fortgeschrittenengruppe. Es wurden bei allen weiblichen Teilnehmern Vorher/Nachher-Messungen erhoben, wobei die meisten Anfangswerte sich um zwanzig bis dreißig bewegten. Die Abschlußmessungen wiesen einen Anstieg zwischen einigen wenigen bis hin zu zwanzig Punkten auf. Wir waren alle sehr aufgeregt darüber, welchen Effekt diese Information im Kapitel über Sex und die vierte Lektion auslösen würde. Ein Arzt wies Ida jedoch darauf hin, daß dies zu viele Irritationen in der medizinischen Welt hervorrufen würde, so daß das Kapitel herausgenommen wurde und die Welt ohne diese Information blieb.

Eines Tages kam ein Arzt in Idas Unterricht, begrüßte sie und fragte, ob sie einen Studenten namens „Dub“ hätte. Ida sagte ja, und deutete mit dem Finger auf mich. Der Arzt erzählte: „Einer meiner Patienten, Barly, rief mich letzte Nacht wegen starker Schmerzen an, die er aufgrund einer gebrochenen Rippe hatte.

Er sagte, daß ein Hurensohn namens Dub sie ihm am gleichen Tag in Idas Unterricht gebrochen hätte. Er könne das Ende der Rippe fühlen, und bat mich, zu ihm zu kommen, um seine Schmerzen zu lindern."

Blut schoß mir ins Gesicht wie ich völlig beschämt dasaß. Ich wußte, jetzt würde Ida mich rauswerfen und ich würde nie ein Rolfer werden. Ich erinnerte mich, wie schwer ich am vergangenen Tag im Gebiet seiner zwölten Rippe gearbeitet hatte, die bei ihm im Becken vergraben war. Mein Ziel war gewesen, sie auszugraben und kopfwärts anzuheben, so daß mehr Raum zwischen der Oberkante des Beckenknochens und der Spitze der letzten Rippe geschaffen würde. Ich fühlte, daß ich die linke Seite in Ordnung gebracht hatte, die rechte Rippe aber, egal wie hart ich arbeitete und schwitzte, nicht frei zu bekommen war. Ich konnte mich an kein Schnappen erinnern. Barley stöhnte, und ich schwitzte, während Ida uns beobachtete.

Der Arzt fuhr fort: „Als ich hinzukam, fühlte ich das schmerzhafte Ende der Rippe. Es war das Ende der zwölften Rippe, die während der Nacht aufgetaucht war. Barley hatte sich im Schlaf gedreht, und die Rippe war vom Hüftrand freigekommen. Diese Bewegung hatte ihm große Schmerzen bereitet und ihn aufgeweckt. Er fühlte zum ersten Mal nach Jahren seine zwölfte Rippe wieder und war sich sicher, daß Dub sie gebrochen hatte." Anstatt rausgeworfen zu werden, erhielt ich einen goldenen Stern.

Ida war ein harter Zuchtmeister, was das Unterrichten betraf. Sie saß in ihrem Schaukelstuhl und beobachtete stundenlang ihre Schüler bei der Arbeit, Arbeit, die sie selbst in Minuten hätte erledigen können. Sie erzählte mir, daß dies das Härteste wäre, selbst im Schaukelstuhl sitzenzubleiben und zuzusehen.

Am letzten Tag des Fortgeschrittenen-Unterrichts tadelte sie mitleidlos einen Studenten dafür, daß er nicht tief genug arbeitete. Sie hatte ihm bereits seit drei Monaten erzählt, daß seine Arbeit zu oberflächlich sei. Der arme Kerl verstand es einfach nicht. Ich vermute, daß Ida dachte, es sei ihre letzte Chance, und sie war wirklich hart. Schließlich hielt ich es nicht mehr aus und platzte heraus: „Ich hab genug davon."

Ida gab sofort zurück: „Dasselbe gilt für mich, schau mal wie schön es draußen ist." Ich erwiderte: „Mein Gott, ich kann etwas dagegen tun," und verließ den Saal. Ich glaube, ich war die einzige Person, die jemals Idas Unterricht verlassen hat.

Ida sagte, daß ein Rolfer mindestens fünf Jahre benötigen würde, um zu wissen, was er tut. Sie beendete ihre Ausbildungen immer mit folgenden Worten: „Geht jetzt in die Welt und arbeitet, und Gott schütze euch und die Öffentlichkeit." Ida hatte lange abgewogen, was es bedeutete, junge Rolfer unter ihrem Namen Körperarbeit tun zu lassen. Sie kam zu dem Schluß, daß, so unerfahren sie auch waren, sie ihren Klienten immer noch etwas Gutes geben konnten, was sie sonst nirgends bekommen würden. Sie wußte keinen anderen praktikablen Weg, Leute auszubilden. Sie wünschte sich, daß viel Körperarbeit praktiziert wurde und liebte Rolfer, die jede Woche eine Menge Körper bearbeiteten.

Als Ida mir mitteilte, daß sie ihr Hauptquartier in Boulder, Colorado, eröffnen wollte, erschien sie mir verwirrt und irgendwie ärgerlich. Ich war überrascht und sagte, daß ich sie mir, nach all den Jahren an der Küste von Big Sur, nicht in den Wintern von Colorado vorstellen könnte. Sie zuckte mit den Schultern und antwortete: „Was kann ich tun?"

Sie hatte zwei „Sensitive", wie sie sie nannte, in Los Angeles aufgesucht, und beide hatten ihr gesagt, sie solle das Zentrum in den Rocky Mountains gründen. Ihr gefiel das nicht, und sie fragte nach irgendeiner Möglichkeit, das Zentrum an der West-Küste aufzubauen. Aber beide blieben dabei, daß es auf lange Sicht die Rocky Mountains sein müßten. Ida ging daraufhin zu Ann Armstrong, einer alten Freundin, die ebenfalls ein Medium war. Diesmal fragte sie: „Wo an der West-Küste soll ich meine Schule gründen?" Ann antwortete: „An der West-Küste überhaupt nicht, sondern in Boulder, Colorado."

Ida zuckte mit den Achseln, fragte „Was kann ich tun?" und bat mich, ihr beim Umzug all ihrer Akten, Bücher und allem, was sie sonst noch für den Unterricht benötigte, nach Boulder zu helfen. Ich sammelte alles zusammen, packte es in meinen Transporter und brachte es zu einem Freund nach Boulder.

Als ich bemerkte, wie sehr Ida den Sensitiven vertraute, wurde ich neugierig und suchte die beiden in Los Angeles auf. Sie waren gerne bereit zu helfen und einem Freund von Ida Auskunft zu geben. Ich fragte sie, wie ich in Rolfing hineinpaßte. Sie sagten, daß ich in sieben verschiedenen Leben mit Ida verheiratet gewesen sei, und, obwohl wir uns liebten, scheiterte es immer. Auch dieses Mal würde es nicht anders sein. Wir würden viel Gemeinsames teilen, aber unsere Arbeit und unser Leben führten in verschiedene Richtungen.

Im selben Jahr nahmen Ida und ich an einem EST-Seminar teil. Während einer Pause stieß sie mir mit dem Finger in den Bauch und sagte: „Ich möchte, daß du diesen Sommer in meine Fortgeschrittenenklasse kommst, du kannst der allererste Hörer sein." Aber Moshe Feldenkrais begann im gleichen Sommer sein erstes Training in Amerika, und ich war einer von dreien gewesen, die ihm sein Ticket in die USA bezahlt hatten. Ich entschied mich für Moshe.

Ich sah Ida bis zum Ende des Sommers nicht mehr. Sie ließ mir übermitteln, daß ich sie besuchen sollte. Sie war immer noch darüber beleidigt, daß ich die Zeit mit Moshe und nicht mit ihr verbracht hatte. Wir stritten dauernd. Andere, die zu Besuch kamen und die Spannungen bemerkten, verschwanden schnell wieder. Schließlich fragte Ida: „Wenn du mich so liebst, wie du immer sagst, wie kannst du mich dann so verletzen?"

„Wir können nur die verletzen, die wir lieben," war meine Antwort und ich fühlte die Weisheit dieses alten Sprichworts. Idas Augen füllten sich mit Tränen, ich küßte sie auf die Wange. Auch ich hatte Tränen in den Augen als ich ging und die Tür hinter mir schloß.

Meine Liebe und Verbundenheit mit Ida hatten über die Jahre Bestand. Es war Ida gewesen, die mir als erste von Moshe Feldenkrais erzählte. Sie hatte ihn in England getroffen, und sie waren ihr Leben lang Freunde geblieben. Ida betonte immer wieder, daß Moshe sie zu Beginn ihrer Karriere zwei sehr wichtige Dinge gelehrt hatte:

1. Emotionen sind in die Muskeln eingebunden, positive Gefühle in die Streckmuskeln, die mehr weiße als rote Fasern besitzen, und negative Gefühle in die Beugemuskeln, die mehr rote Fasern haben.
2. Die Haltung des Körpers reflektiert den Geisteszustand.

Ida ging einmal einen Hügel bei Esalen hinunter, während Moshe gerade heraufkam. Sie trafen sich nach vielen Jahren zum ersten Mal. Sie umarmten sich eine Weile, und traten dann einen Schritt zurück. Ida sagte: „Moshe, du benötigst einige Arbeit am unteren Teil deines Rückens." „Oh nein, Ida," antwortete Moshe, „es ist der obere Teil". An ihrem achtzigsten Geburtstag schlug ich Moshe vor, daß er ihr einen Geburtstagsgruß schreiben sollte. Dies ist der Brief, den er schrieb:

Liebe Ida,
Herzlichen Glückwunsch zum Geburtstag.

Es ist mir eine große Freude, Dir zu dieser Gelegenheit meine Bewunderung und Liebe für Dich und Deine Arbeit auszudrücken.

Wir trafen uns, falls ich mich recht erinnere, das erste Mal vor vielen Jahren in Coomb Springs, Kensington, als Pak Subud nach England kam. Du hast Frau Subud gerolft, und eines Tages gabst Du vor einem großen Publikum eine Demonstration Deiner Arbeit. Ich war im Zuhörerkreis, um etwas zu sehen, was interessant zu sein versprach.

Plötzlich riefst Du meinen Namen, und batest mich, Dein Beobachter zu sein und dem Publikum mitzuteilen, was ich Dich tun sah und es zu kommentieren. Du bezogst Dich auf mein erstes Buch, und hast dadurch mein Rätsel, woher Du mich kanntest, gelöst. Ich beobachtete Deine makellose, wunderbare Vorstellung und teilte Dir dieses Urteil dadurch mit, daß ich Dich bat, mich zu rolfen. Zu jener Zeit war Rolfen noch kein Verb, Dein Rolfen war für mich jedoch eine erleuchtende und unvergeßliche Erfahrung.

Wenn ich Dir jetzt schreibe, möchte ich, daß Du weißt, daß ich nur wenige Menschen kenne, die Deine intellektuelle Integrität besitzen. Ich meine Menschen, die etwas geschaffen haben und genau das tun, was sie sagen, das sie tun. Du brauchst nicht mehr zu tun als das, was Du sagst, weil das, was Du tust, bereits außerordentlich ist. Dein Unterricht ist so einmalig, wie Deine Einsichten und Fertigkeiten. Strukturelle Integration und Funktionale Integration haben mehr gemeinsam als das Wort, das sie verbindet.

In der Tat sind, in bezug auf den Menschen, Struktur und Funktion ohne das jeweils andere bedeutungslos, so daß – nolens, volens – wenn Du die Struktur in Deiner einzigartigen Weise verbesserst, Du auch die Funktion verbesserst.

Die Schärfe Deines Verstandes und Dein unermüdlicher Geist können niemals alt werden. Ich hoffe, daß ich an Deinem hundertsten Geburtstag da sein werde, um Dir Gesundheit für die Zukunft zu wünschen.

Dein alter Freund und Bewunderer
*Moshe Feldenkrais*

# Faszie

Der Mensch ist nicht einfach eine belebte Masse Materie. Wir müssen ihn als Energiefeld begreifen, das in einem größeren Energiefeld, dem der Erde, lebt. Jeden Wettkampf zwischen den beiden entscheidet das Feld der Erde für sich. Während des Wettkampfes wird das größere Feld ständig die Integrität des Kleineren untergraben. Glücklicherweise gibt es einen hoffnungsvollen Aspekt in dieser eher unfairen Situation. Da der menschliche Körper ein so plastisches Medium ist, ist es möglich, die unterminierte Struktur wiederherzustellen. Als Rolfer nutzen wir dieses Faktum zu unserem großen und unerwarteten Vorteil.[1]

Gravitation, der Name des Menschen für die Energie der Erde, ist der niemals schlafende Therapeut und Lehrer. Alles, was wir Männer und Frauen als Rolfer tun können, ist, den individuellen Körper darauf vorzubereiten, die Effekte des Gravitationsfeldes positiv zu erfahren und positiv darauf zu antworten. Das ist unser einziger Beitrag. Daneben gibt es noch die Botschaft der Struktur.[2]

*Ida Rolf*

Ida war einmalig in ihrer Sichtweise der Faszie. Faszie ist das vierdimensionale Netz aus elastischem Bindegewebe, das Muskeln, Knochen, Organe, Nerven und Blutgefäße umhüllt. Die Faszie gibt dem Körper seine Form. Ida nannte sie das Struktur-Organ. Sie ist identisch mit dem Gewebe, das übrig bleiben würde, wenn den Organen alle Flüssigkeit entzogen würde. Faszie existiert in Schichten, die sich als Hüllen und Netze durch den ganzen Körper ziehen. Sie nimmt die Form von Stricken, Gürteln, Blättern, Zylindern usw. an.

Ida bearbeitete diesen weichen Gewebedschungel solange, bis er dem Gravitationsfeld angepaßt und so darin organisiert war, daß sich der Schwerpunkt des Körpers am höchsten Punkt befand, wenn der Mensch aufrecht stand. Ida nannte dies „Strukturelle Integration". Während dieses Vorgangs verwandelt sich sowohl festes, dichtes und knotiges Gewebe, als auch wäßriges, faseriges und schwammiges Gewebe wieder in tonisierte und elastische Fasern. Gewebe mit zu hoher oder zu niedriger Temperatur nimmt wieder normale Körpertemperatur an. Schmerzen und Beschwerden verschwinden. Ida bezeichnete diese Effekte als eine kostenlose Dreingabe. Der durchgearbeitete Körper scheint mehr Raum mit weniger Gewicht einzunehmen und bewegt sich mit größerer Eleganz und Leichtigkeit. Diese Leichtigkeit resultiert aus der Angleichung des Energiefeldes des Körpers an das der Erde.

Idealerweise sind die Hauptsegmente des Körpers: Kopf, Schultern, Brustkorb, Becken und Beine vertikal zum Gravitationsfeld ausgerichtet. Beide Körperhälften sind ausgeglichen, das Becken steht horizontal, so daß das Gewicht des Rumpfes direkt darüber angeordnet ist. Die Wirbelsäule ist nur wenig gekrümmt, der Kopf reitet auf ihr und die Beine verbinden sich vertikal mit der Wirbelsäule und unterstützen den Beckenboden. Dieses Ideal ist in Abbildung 1 dargestellt.

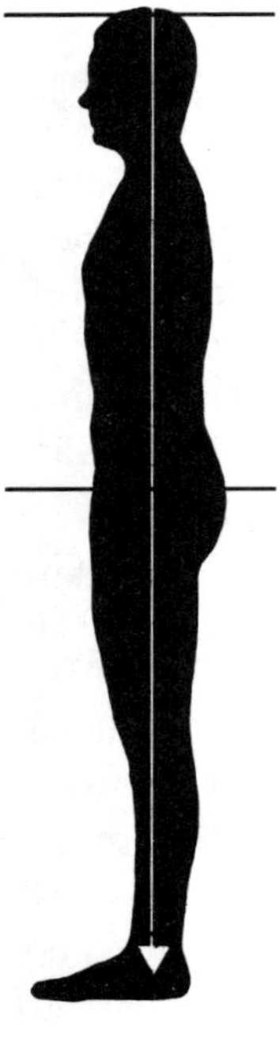

*Abb. 1*
*(Mit freundlicher Erlaubnis von International Universities Press, Inc.)*

Im Erwachsenenalter befindet sich der Körper normalerweise weit entfernt von diesem Ideal. Es gab zu viele physische und emotionale Traumata. Der Körper reagiert auf diese schmerzhaften Erfahrungen mit der Entwicklung einer Körperpanzerung. Er wird kürzer, dicker, steifer, fester und gerät im Ganzen aus der Form. Während des ganzen Lebens haben Traumata und ihre Kompensationen einen kumulierenden Effekt im Körper, der die Balance im Gravitationsfeld stört. „Aberration" leitet sich vom Lateinischen Wort *aberrare* ab, das „weggehen von" bedeutet. Aberrationen sind Störungen, die den Körper veranlassen, die ursprünglich ideale Form zu verlassen. Sie weisen auf Strukturen hin, die aus dem Lot geraten, unsymmetrisch und unausgeglichen sind, oder aber auf Gewebe, das Toxine oder Traumata enthält.

Nach einer Knieverrenkung braucht ein Mensch beispielsweise ein paar Wochen, bis es wieder geheilt ist. Während dieser Zeit wird das Gewicht auf das gesunde Bein verlagert, wovon nicht nur die Beinmuskulatur, sondern auch die Becken-, Wirbelsäulen- und Schultermuskulatur betroffen ist. Der Rest des Körpers muß sich an die neue Anforderung gewöhnen. Das Hinken verschwindet vielleicht, aber die Schultern, der Beckengürtel und die Muskeln im gesamten Körper wurden in unterschiedlichem Ausmaß in ihrer idealen Funktion gestört.

Daß ein emotionales Trauma zu Aberrationen führt, soll der folgende Fall einer hübschen jungen Frau zeigen. Ich bearbeitete während der vierten Rolfing-Sitzung die Adduktoren-Muskeln an der Innenseite ihrer Oberschenkel, als sie mich wegschob und sich mit einem bestimmten ängstlichen Blick aufsetzte. Sie begann mit einer angespannten, angstvollen Stimme zu rufen: „Nein, nein. Hör auf! Nicht hier! Nein, nicht jetzt! Jetzt ist nicht die richtige Zeit! Nein, wir können das jetzt nicht machen! Bitte nicht!" Das dauerte ein paar Minuten an. Dann erschien ein überraschter Ausdruck auf ihrem Gesicht, dann ein beschämtes Lächeln. Das Trauma ihrer ersten sexuellen Begegnung war in der Spannung ihrer Oberschenkel haftengeblieben. Die Erinnerung an eine traumatische Erfahrung im Körper verursacht Störungen. Sobald der Vorfall durchlebt und losgelassen wird, verschwindet die Störung.

Traumata werden gestapelt. Je älter wir werden, desto mehr Stapel und desto mehr traumatische Erfahrungen pro Stapel sind vorhanden. Nehmen wir an, du wurdest im Krankenhaus geboren und der Arzt gebrauchte Instrumente bei der Geburt. Die linke Seite deines Kopfes wurde gequetscht, und der linke Arm und die linke Schulter waren schmerzhaft eingefaltet. Diese Schmerzen wurden zusammen mit allen anderen Wahrnehmungen zu diesem Zeitpunkt gespeichert, dem Krankenhausgeruch, den hellen Lichtern, den Geräuschen der Menschen, der Raumtemperatur, der Luftfeuchtigkeit und -strömung, alles wurde als komplettes Paket aufgezeichnet, weggeschlossen und vergessen.

Einige Monate später wirst du auf ein Badetuch gelegt und eine Rassel drückt an der linken Seite deines Kopfes. Du spürst dort einen scharfen Schmerz, dein linker Arm und deine linke Schulter beginnen zu schmerzen. Du siehst helle Lichter und riechst den Krankenhausgeruch, hörst Leute reden, usw. Du erlebst das ursprüngliche Trauma erneut und fügst die gegenwärtige Erfahrung hinzu.

Im Alter von drei Jahren fällst du vom Dreirad und verdrehst dir, als du zu Boden fällst, den linken Arm und die Schulter. Dein Kopf schmerzt auf der linken Seite, obwohl er nicht einmal berührt wurde, und wieder erlebst du die Sensationen während deiner Geburt. Dieser dritte Vorfall wird ebenfalls gespeichert und exakt neben dem zweiten abgelegt. Mit dem Älterwerden bemerkst du, wie helles Licht Schmerzen auf der linken Seite des Kopfes auslöst und sich der linke Arm und die Schulter ungut anfühlen. Mit Fünfunddreißig kommst du zu mir und willst Körperarbeit haben. Ich drücke meine Finger in dein linkes Schultergelenk und du hast eine Menge Schmerzen, nicht nur in deiner Schulter, sondern auch auf der linken Seite deines Kopfes. Solange wie ich meine Finger dort belasse, erlebst du das letzte Trauma als erstes. Du siehst dich vom Dreirad fallen und erlebst wieder, wie es dir den Arm und die Schulter verdreht. Nachdem das bearbeitet ist, gehst du vielleicht zurück zur Rassel und fühlst den scharfen Schmerz im Kopf. Wenn ich mit meinen Fingern dortbleibe oder erneut hineindrücke, erlebst du vielleicht das ursprüngliche Geburtstrauma. Falls du es vollständig erlebst, d.h. die Lichter siehst, den Krankenhausgeruch riechst, die Leute sprechen hörst usw., räumst du den ganzen Stapel ab. Du bist dann von einer ganzen Serie von Traumata befreit, die in deinem Körper fixiert waren. Dein Körper kehrt zu einem jüngeren, elastischeren Zustand zurück, und du fühlst dich glücklicher und lebenslustiger.

Neben Traumata führen unzureichend erlernte Bewegungsmuster ebenfalls zu Abweichungen im ganzen Körper. Ida wies auf das Beispiel „Gehen" hin.

> Wenn der Mensch nicht ein stehendes, zweifüßiges Tier wäre, hätte er weniger Probleme, so aber steht und geht er, so gut er kann. Er tat das seit seiner Kindheit, als er an der Seite seines Kinderstuhles hochgeklettert war und irgendwie seine Beine unter sich gebracht hatte. Vielleicht hatte er das mehr schlecht als recht getan, aber er schenkte dem keinerlei Aufmerksamkeit. Er verfolgte nur ein Ziel: Er wollte sein wie sein großer Bruder, und der konnte laufen. Wenn er sich also mit Hilfe des Kinderstuhls aufgerichtet hatte, und ein oder zwei Schritte gehen konnte, kümmerte es ihn nicht, wie, sondern nur daß er es geschafft hatte. Und es blieb dabei, daß er sich nur darum kümmerte, daß er es geschafft hatte, egal wie. Jetzt, um einiges älter und schwerer, ist die alte Gewohnheit unzureichend, aber er weiß es nicht. Sie hat sein Becken desorganisiert, seine Rippen desorganisiert, seinen Kopf desorganisiert, ja, sie hat seine gesamte oberflächliche Struktur desorganisiert.[3]

In einem desorganisierten und verzerrten Körper wird die Faszie an bestimmten Stellen steif und verklebt mit sich selbst oder anderen Geweben des Körpers. Ida sagte: „Es ist, als ob du einen Umhang hast, dessen Falten mit Sicherheitsnadeln an ihrem Platz gehalten werden. Irgend jemand hat die Falten in deinen Mantel gelegt, und er paßt dir nicht mehr. Wir versuchen also, einige der behindernden Sicherheitsnadeln aus dem Faszienumhang zu entfernen." Sie war bereit, alles zu tun, was notwendig war, um die Faszie zu befreien. Das bedeutete manchmal, eine Sehne wie eine Violinsaite zu streichen, einen Muskel oder eine Sehne mit ihren Fingernägeln vom Nachbarmuskel freizugraben, oder ihren Ellenbogen in eine Achsel zu drücken. Ihr Ziel war, die Aberrationen in der Faszie zu beseitigen und Freiheit für die natürliche Struktur des Körpers zu erlangen.

# Fixationen lösen

Die von einem Menschen erlittenen Traumata haben sowohl physische als auch psychische Folgen. Physische Aberrationen und psychische Störungen sind Symptome eines Menschen, der durch traumatische Ereignisse gefesselt ist. Rolfing löst die Fixierungen in der Faszie des Körpers, und erleichtert die Lösung psychischer Fixierungen, indem es zurückgehaltene Emotionen auslöst. Ich habe die Identität von Körper und Geist unzählige Male auf meinem Arbeitstisch gesehen und biete folgende Fälle als Beispiele und zur Illustration an.

## *Der Körper mit dem meisten Gift*

Sein Körper enthielt mehr Gift als jeder andere, den ich je bearbeitet habe. Es war für mich schwer zu begreifen, daß dieser klare, vollständig amerikanisch aussehende junge Mann so unglaublich starkes Gift abgab. Mein Mund schmeckte metallisch, meine Nase rebellierte, mein Körper fühlte sich schwer an und mein Hinterkopf schmerzte.

Es war seine erste Sitzung und wir befanden uns in einem großen, hohen Raum. Als die Situation unerträglich wurde, öffnete ich das Fenster, um zu lüften und zu reinigen. Ich huste jetzt, in der Erinnerung daran, genauso wie ich damals gehustet habe.

Die ganze Stunde verlief so. Ich arbeitete ein wenig, ging an die frische Luft und arbeitete dann wieder ein wenig. Am Ende der Sitzung war ich krank und legte mich hin. Ich fühlte mich drei Tage lang schlecht.

Später befragte ich den Mann über seine Vergangenheit und fand heraus, daß er während des Vietnamkrieges als Froschmann gezwungen war, Menschen in direktem Zweikampf zu töten und selbst mehrfach verwundet worden war.

## *Mein Körper erzählt es mir*

Ich arbeitete im narbigen Gebiet von Randys Schulter. Vor einigen Jahren hatte ein Flugzeugpropeller tief in seine Brust, seine Schulter und sein Gesicht geschnitten. Ich arbeitete tief im Gewebe und wollte es soweit verlängern, daß seine Schulter an ihren angestammten Platz fallen würde. Während ich arbeitete, stiegen mir Tränen in die Augen und rollten über meine Wangen. Ich war überrascht und verwundert, da ich keinerlei traurige Gefühle oder Gedanken hatte. Ich fühlte mich gut, trotzdem weinte ich. Dann sah ich in den Spiegel und sah, wie Tränen über Randys Backen liefen. Das war das erste Mal, daß ich bemerkte, daß mein Körper mir erzählt, wo sich mein Klient emotional befindet. Über die Jahre hinweg habe ich sogar herausgefunden, daß ich manchmal ihre Gefühle früher wahrnehme als sie selbst. Ich frage: „Bist du traurig?“ Sie antworten erst: „Nein.“ Dann, nach ein paar Minuten sagen Sie: „Ja, wie kommt es, daß du es eher gewußt hast.“ Jetzt fühle ich die Traurigkeit, warte ein bißchen und frage dann, ob sie traurig sind. Die Antwort ist immer ja, und manchmal brechen sie in Tränen aus.

## *Das Teppichreiniger-Gift*

Der Psychiater stand hustend und würgend auf. Er ging zu den Pflanzen und öffnete das Fenster. Ich hustete ebenfalls, als ich den Raum verließ, um das Gift von meinem Körper zu waschen.

Immer wenn wir beide arbeiteten, gab er von dem Gift ab, das mich hinaus, und ihn zu den Pflanzen und zum offenen Fenster zwang. Wir scherzten, daß die Leute in den weißen Kitteln uns abholen würden, wenn sie wüßten, wie wir arbeiteten. Bestimmte Bereiche seines Körpers gaben bestimmte Gerüche ab, die wir mit einzelnen Namen bezeichneten. Der „Teppichreiniger“ war einer der stärksten und deutlichsten Gerüche. Nach einer Sitzung, als der „Teppichreiniger“ abdampfte, ging der Psychiater direkt von meiner Praxis zu einer Veranstaltung. Die Leute im

Raum begannen die Nase zu rümpfen und über den seltsamen Geruch zu sprechen. Jemand sagte, daß er glaube, der Teppich sei kurz zuvor gereinigt worden.

Wir erfuhren, daß die Leute im Wartezimmer meiner Praxis die Gerüche ebenfalls wahrnehmen konnten. Im Lauf der Zeit fanden wir heraus, daß wir sehen konnten, wie das Gift aus seinem Körper entwich. Wir begannen uns ernsthafte Sorgen um unseren Geisteszustand zu machen. Wir holten eine weitere Person in den Raum, um das Geheimnis mit ihr zu teilen, und sie bestätigte unsere Erfahrungen.

Die Pflanzen liebten das Gift und wenn der Psychiater nahe bei ihnen stand und seinen Rücken an ihnen rieb, vertilgten sie es vor unseren Augen und Nasen. Wir fanden weiterhin heraus, daß Wassersprühnebel zur Luftreinigung beitrugen.

## *Der blaue Mann*

Ich arbeitete mit einem Mann mittleren Alters, als ich bemerkte, wie er anfing, sich blau zu verfärben. Ich stoppte die Arbeit und fragte ihn, ob das jemals zuvor schon vorgekommen sei. Er erzählte, daß er bei drei anderen Rolfern gewesen sei und alle hätten Angst bekommen und die Arbeit abgebrochen, als er blau wurde. Wir redeten eine Weile und er versicherte mir, daß er die Verantwortung dafür übernehmen würde, falls er auf meinem Tisch sterben würde, was er sogar schriftlich niederlegte. Ich bearbeitete ihn langsam und sanft durch die „blauen" Sitzungen, und gegen Ende der zehnten Sitzung war das Blau-Anlaufen verschwunden.

Hatte er sich verändert? Er löste sich aus einer langen Depression, kündigte seinen Arbeitsplatz, an dem er zwanzig Jahre lang gewesen war, ließ sich von seiner Frau, mit der er etwa fünfundzwanzig Jahre lang zusammen gewesen war, scheiden. Er verließ die Vereinigten Staaten und begann ein neues Leben mit anderer Arbeit in einem anderen Land.

## *Das Klappmesser-Phänomen*

Er erzählte, daß er der Klappmesser-Champion des Landes sei. Er trainierte bereits über ein Jahr lang und hatte in dieser Zeit dreieinhalb Zentimeter an Körpergröße verloren. Er sah aus wie ein schwangerer Feuerhydrant, und sein Rücken tat ihm weh. Er konnte nachts nicht schlafen. Sein Trainer hatte die gleichen Probleme.

Sein Bauch war hart wie Stein, und der Rücken paßte zur Vorderseite. Ich ließ ihn sich hinlegen und ein Klappmesser machen, während ich die Bauch- und Rückenmuskeln im Lendenbereich festhielt. Er merkte, wie beide Muskelgruppen, vorn und hinten, zur gleichen Zeit aktiviert wurden und sich verkürzten.

Dann ließ ich ihn die Ansatzstellen dieser Muskeln betrachten und was er sich antat, wenn er Vorder- und Rückseite gleichzeitig verkürzte. Die Wirbelsäule mußte sich verkürzen und dabei nach vorn bewegen, wodurch eine größere Krümmung im unteren Teil entstand, die die Bandscheiben zerquetschte. Die Veränderung des oberen Teils der Wirbelsäule hatte die größere Krümmung im Lendenwirbelbereich auszugleichen.

Ich arbeitete an seinen kurzen und harten Muskeln, bis sie weicher wurden und sich verlängerten. Die Wirbelsäule richtete sich auf und er wurde größer.

In der folgenden Nacht schlief er zum ersten Mal nach Monaten wieder gut und erholsam.

## *Das 200 Pfund-Baby*

Er war Angestellter und wog über 200 Pfund. Als ich tiefer ins Gewebe kam, begann er zu schluchzen. Es war nicht die Art von Schluchzen, die man von einem Mann erwartet, der ein emotionales Trauma durchlebt, sondern es war das bemitleidenswerte Schluchzen eines Kleinkindes, laut und stark, wie bei extremen Schmerzen. Er zog seine Beine an und hielt sie wie ein Baby fest an sich gepreßt, während er weinte. Dieses intensive Schluchzen war schon öfter aufgetreten, und er brachte seinen Körper immer in diese fötale Haltung, genau wie ein Baby. Ich wußte, daß er mich nicht wahrnahm und mußte zur Toilette. Ich ließ ihn allein und ging auf den Flur. Im Wartezimmer konnte ich das Weinen deutlich und klar hören, und die zwei Frauen, die warteten, schienen ziemlich aufgeregt zu sein. Schließlich fragte eine der beiden Frauen: „Was um Himmels willen machen Sie mit dem Baby?“ Ich sagte ihr, daß das Baby ein erwachsener Mann sei. Sie warteten und blickten erwartungsvoll, bis, wie versprochen, ein zweihundert Pfund schwerer Mann aus dem Arbeitsraum kam. Er hatte ein weiches Gesicht und gerötete Augen.

## *Ohrenschmerzen in den Zehen*

Ich arbeitete mit dem Daumen im fleischigen Anteil der letzten beiden Zehen. Die junge Ärztin ächzte vor Schmerzen und zog mir schließlich den Fuß weg. Ich fragte sie, ob sie mir erlaube, noch einmal so tief zu arbeiten und damit herauszufinden, ob irgendwelche alten Verletzungen mit ihren Zehen zusammenhingen oder dort verborgen waren.

Als ich weiterarbeitete, ächzte und stöhnte sie und schrie mit der Stimme eines kleinen Mädchens: „Nein Mama, nein, bitte tu’s nicht.“ Dann begann sie zu weinen. Ich ließ an den Zehen nach und legte meine Hand auf ihre, während sie weinte. Nachdem das Weinen aufgehört hatte, setzte sie sich auf und sagte: „Meine Mutter pflegte heißes Öl in meine Ohren zu gießen, wenn ich Ohrenschmerzen hatte.“

Da ihre Mutter Öl in beide Ohren gegossen hatte, schlug ich ihr vor, auch am anderen Fuß zu arbeiten. Wie ich mich durch das zweite Zehenpaar durcharbeitete, schrie sie wieder, daß ihre Mutter aufhören solle und begann zu weinen.

Als das Weinen aufgehört hatte, arbeiteten wir nochmals beide Füße durch. Der Schmerz war verschwunden.

## *Hexerei*

Sie nahm meine Hand mit beiden Händen und schob sie ängstlich und hysterisch von sich weg. Wir waren in der siebten Sitzung, und ich hatte in ihrem Mund, an den Muskeln unter der Zunge gearbeitet. Ich zog meine Hände zurück und sah ihre Angst und ihren Schmerz, wie sie ihren Körper zusammenkrampfte und von einer Seite zur anderen rollte, und mit einer sehr fremdartigen Stimme ächzte und stöhnte. Dann lag sie ruhig da, zu ruhig. Zu jener Zeit war ich gerade ein frischgebackener Rolfer. So etwas war mir bisher noch nicht passiert, und ich war nicht darauf vorbereitet. Oh Gott, was war geschehen? Was war los, und was hatte ich getan? Was sollte ich tun? Ich rief ihren Namen und fragte, wie sie sich fühlte. Ich fragte, ob sie mich hören könnte. Keine Antwort. Ich fühlte mich vollkommen hilflos und wußte keinen Rat. Ich versuchte nochmals mit ihr zu sprechen, versuchte, über Berührung Kontakt mit ihr zu bekommen. Sie lag nur da, schlaff und leblos.

Wir befanden uns in einem Wintersportort. Ich zog Jacke und Schuhe an, ging hinaus in den Schnee und lief eine Weile die Straße auf und ab und dachte nach. Was sollte ich tun, wenn sie nicht mehr zurückkam? Ich müßte einen befreundeten Arzt in der Stadt anrufen und ihn bitten, nachzusehen und sie zu übernehmen.

Als ich in den Raum zurückkam, lag sie genauso da wie zuvor. Ich setzte mich an ihre Seite und nahm ihre reglose Hand. Ich fing an zu weinen, wie ich mit ihr sprach, und sie bat, wieder zurück ins Leben zu kommen. Langsam fing sie an, sich zu bewegen, und nach einigen Minuten begann sie zu reden. Dann erzählte sie mir folgende Geschichte:

Sie war in Boston, Massachusetts, sie nannte mir ein konkretes Datum. Sie war als Hexe auf einem Scheiterhaufen festgebunden worden, und man hatte ihr die Zunge herausgeschnitten.

## *Rückkehr vom Ertrinken*

Ich bearbeitete die Schulter einer international bekannten Frau, als sie anfing zu husten und zu zucken. Das verschlimmerte sich stetig, bis sie mit ihren Armen um sich schlug, hustete, würgte, und anfallartig krampfte, besonders mit ihren Beinen und dem Becken. Ich versuchte, in der Absicht ihr zu helfen, an ihren Nacken zu greifen, aber sie bewegte sich und zuckte stärker, als daß ich sie hätte halten können. Ich ging an die Seite des Tisches, legte meine rechte Hand auf ihren Bauch, genau über ihren Nabel, und versuchte, sie von dieser Stelle aus zu zentrieren und auf dem Tisch zu halten.

Es verging eine scheinbar lange Zeit, bevor sie sich beruhigte und langsam aufhörte zu husten. Die Zuckungen hielten, besonders auf der rechten Seite, noch an, wurden aber seltener. Schließlich lag sie ruhig und reglos da. Ihr Mund war halboffen, und die Ruhe wurde so groß, daß ich ihren Atem nicht mehr wahrnahm. Ich begann mit ihr zu sprechen, ihren Namen zu rufen, dann befahl ich ihr zurückzukommen. Langsam wurde ihr Atem wieder wahrnehmbar, und nach einer Weile öffnete sie ihre Augen und sagte, sie wäre weggegangen. Dann spürte ich, wie sich der ganze Raum mit Trauer füllte. Ich fragte sie, ob sie irgendeine Traurigkeit spüre, worauf sie zu schluchzen begann: „Keiner wollte mir helfen, keiner wollte mich retten. Sie standen einfach am Ufer und sahen mir beim Ertrinken zu."

Wir hielten uns fest, während sie schluchzte. Tränen schossen mir in die Augen und rannen über meine Wangen. Ich war froh, daß mein Kopf abgewandt war, so daß sie mich nicht sehen konnte. Nach einer gewissen Zeit, die uns ziemlich lang erschien, stand sie auf, ging durch den Raum und zog sich an. Ich ging ins Bad, um mich frisch zu machen. Sie sprach fast kein Wort, bis sie aus der Tür ging. Dort hielt sie an, umarmte mich und sagte mir, daß sie mich liebe. Dann sagte sie: „Man hat mir erzählt, wie schön es sei zu sterben und wie schwierig zurückzukommen. Es stimmt."

## *Skirennen im achten Monat*

Auf Drängen ihres Mannes, einem Arzt, kam sie wegen ihrer Rückenschmerzen zu mir. Ihre Lendenwirbelsäule war weit nach vorn gebogen und ihre Pobacken so weit oben, daß man problemlos an jeder Seite hätte einen Hut aufhängen können. Wir bekamen den Rücken flach, den Hintern näher zum Boden und die Schmerzen verschwanden. Dann wurde sie schwanger.

Wir arbeiteten weiter, um ihren Körper weich und den Raum für das Baby unbehindert zu erhalten, und das neue Gewicht über ihrem Becken und ihren Füßen auszurichten. Jeden Monat lösten wir, was sich angespannt hatte, immer mit dem Ziel, den Rücken so flach und aufrecht wie möglich zu erhalten.

Sie fuhr weiterhin Ski, und nahm im achten Monat an einem Querfeldein-Skirennen teil, das für Highschool- und Collegeschüler ausgeschrieben worden war. Sie gewann das Rennen und bekam ihr Kind ohne Probleme. Ich war einige Tage, nachdem sie mit ihrem Baby nach Hause gekommen war, in Salt Lake City. Sie bat mich, mit ihr zu arbeiten, ich meinte aber, daß es noch zu früh dafür sei. Ihr Mann machte einen Termin für sich um 7.30 Uhr am nächsten Morgen aus. Als ich um 7.30 Uhr die Tür öffnete, stand sie da, grinste und erzählte, daß sie ihren Mann in der Nacht geweckt und ihn gebeten hatte, seinen Termin ihr zu überlassen. Wir brachten alles an seinen angestammten Platz zurück, verlängerten und richteten ihren Rücken, und sie ging leicht und fröhlich nach Hause.

## *Das schmerzhafte Steißbein*

Sie war im letzten Drittel ihrer Schwangerschaft und war bisher schmerzfrei geblieben, bis ihr Steißbein begann, ihr dauernd Schmerzen zu bereiten. Ich hatte einmal im Monat mit ihr gearbeitet und das Baby befand sich über dem Becken. Es schien, bis auf den neu aufgetretenen Schmerz, alles in Ordnung zu sein.

Ich arbeitete überall, vermied es aber, in die Steißbeinregion zu kommen. Das Problem war beständig vorhanden. Ich fand keinen großen Gefallen daran, so spät in der Schwangerschaft in der Steißbeinregion zu arbeiten, und wir sprachen über meine Bedenken. Sie sagte, daß ich einfach weitermachen solle.

Ich fand einen kleinen Strang Faszie, der das Sitzbein mit dem rechten Bein verband. Unter der Arbeit verschwand dieser Strang, und das Steißbein wurde frei und beweglich. Der Schmerz war ebenfalls verschwunden. Die werdende Mutter bedankte sich, und ich spürte, daß das Baby es ebenfalls getan hätte, wenn es ihm möglich gewesen wäre.

## *Der Programmierer*

Er ging durch den Raum, setzte sich für ein paar Minuten auf den Tisch, streckte seine Arme aus, stand auf, und ging wieder im Raum umher. Wir zogen zusammen seine Kleider aus, Unterhosen ausgenommen, und schließlich lag er auf dem Tisch. Nur, um wieder aufzuspringen und durch den Raum zu gehen.

Er hatte einen Vertrag, ein Computerprogramm zu schreiben. Die Zeit war fast zu Ende, die Arbeit weit davon entfernt. Ich hatte die Aufgabe, ihn soweit klar zu bekommen, daß er es bis zum kommenden Donnerstag schaffen würde. Anfangs lief ich hinter ihm her und versuchte an seinem Nacken zu arbeiten. Als er auf dem Tisch landete, arbeitete ich rasch an seinen langen Rückenstreckern. Langsam wurde er ruhiger und blieb schließlich auf dem Tisch liegen. Ich arbeitete über zwei Stunden lang an den Streckermuskeln, um sie entspannter, weicher und länger zu bekommen. Ich glaube, daß er, als er aufstand und ging, klarer und geerdeter war als ich.

Donnerstag nachmittag kam er, um mich zu bezahlen. Er erzählte, daß er seinen Vertrag eingehalten und sein Geld bekommen hätte.

## *Ein Knacken im Nacken*

Mein Freund hing über seinem Schreibtisch, er war krank. Ich war frischgebackener Rolfer und, nachdem ich nach Utah zurückgekehrt war, besuchte ich ihn im Büro des Gouverneurs. Er brummte, daß ich gut aussähe und fragte, was ich in Kalifornien treibe. Ich erzählte ihm, daß ich rolfe und er wollte wissen, was das sei. Ich bot ihm eine Erfahrung damit an.

Ich ließ ihn alle Kleider bis auf die Unterhosen ausziehen, und wir fingen an. Es war eine ziemliche Show. Sekretärinnen platzten herein, kreischten und flüchteten wieder. Keine wartete oder blieb, um zuzuschauen. Ich bemerkte, daß auf der einen Seite des Nackens etwas Seltsames vor sich ging. Als ich seinen Kopf drehte, schien etwas diese Bewegung zu behindern. Ich arbeitete mit ziemlichem Druck an dieser Seite des Nackens, während ich den Kopf gleichzeitig drehte. Irgend etwas knallte. Es hörte sich an wie ein Pistolenschuß, und sein Kopf rollte auf die Seite, die bisher eingeschränkt gewesen war. Ich war mir sicher, daß ich etwas direkt unter meinen Händen gebrochen hatte. Nachdem ich mich wieder gefaßt hatte, fragte ich ihn, wie er sich fühle, und ließ ihn den Kopf von einer Seite zur anderen bewegen. Alles schien in Ordnung und normal zu sein. Er zog sich wieder an, fühlte sich viel besser und ging wieder an die Arbeit, während ich ins Hotel ging, um zu grübeln. Am nächsten Morgen rief ich ziemlich nervös bei ihm an. Es ging ihm gut, und die erweiterte Bewegung ist ihm seither erhalten geblieben.

## *Arbeite am Fuß und bring damit die Schulter in Ordnung*

Er war der Erste gewesen, der mich gerolft hatte, und jetzt war er zu mir gekommen, um sich rolfen zu lassen. Ich fühlte mich geehrt. Er sagte, daß er seine rechte Schulter bei einem Sturz verletzt hätte, und er wolle die chronischen Schmerzen loswerden. Als er in seinen Unterhosen dastand, schienen seine Füße und seine rechte Schulter das zu sein, was am meisten von der Ideallinie abwich. Ich sagte ihm, daß die Füße eine Menge Arbeit nötig hätten. Er stimmte mir zu, wollte aber, daß ich an seiner schmerzhaften Schulter arbeitete. Ich konnte die armen Füße nicht in Ruhe lassen und sagte, daß ich dort beginnen und dann zur Schulter weitergehen würde. Die Idee gefiel ihm überhaupt nicht, aber er stimmte zu. Er stöhnte, während ich mir die Füße vornahm und die Stunde verging. Gegen Ende der Stunde ließ ich ihn schließlich aufstehen, um seine neuen Füße auszuprobieren, und er erschien hocherfreut, wie er durch den Raum ging. Er mochte die Art, wie seine Füße und Beine sich bewegten. Sie erschienen ihm mehr wie Hände, und ich fragte, was mit seiner Schulter sei. Mit einem überraschten und verdutzten Grinsen sagte er, während er die verschiedensten Schulterbewegungen probierte, daß er keine Schmerzen mehr spüre.

## *Rentenzahlungen*

Ihre rechte Hand war wie eine eingefrorene Kralle, der Daumen konnte keinen der anderen Finger berühren. Sie war zusammen mit ihrem Ehemann gekommen und war nicht meine Klientin. Ich wurde nach der Arbeit mit ihm auf ihre Hand aufmerksam. Ich fragte, ob ich ihre Hand sehen und vielleicht mit ihr arbeiten könne. Während er sich anzog, arbeitete ich an ihrer Hand, wobei es besonders an den Fingern sehr schmerzhaft für sie war. Danach konnte sie aber mit dem Daumen die anderen Finger berühren. Ich war stolz, glücklich und nicht sehr aufmerksam.

Ich sagte ihr, daß wenn sie mit ihrem Mann vorbeikäme, ich umsonst mit ihr arbeiten würde, während er sich anziehen würde. Ich war mir sicher, daß ihre Hände besser werden würden.

Sie kam nicht mehr. Ich fragte immer wieder nach ihr. Schließlich erzählte er mir, daß sie nicht mehr kommen würde, da sie Angst hatte, ihre Rente zu verlieren.

## *Schlaganfallsymptome für Zuneigung*

Sie hatte alle Symptome eines Schlaganfallpatienten. Ich arbeitete mit ihr und sie konnte Bewegungen tun, die zuvor nicht möglich gewesen waren. Sie besaß ein größeres Bewegungsausmaß und eine größere Bewegungsfreiheit. Ich sah sie weggehen und war mit dem Erreichten zufrieden. Eine Woche später konnte ich beobachten, daß all unsere Verbesserungen wieder verschwunden waren. Ich nahm für meine Arbeit kein Geld mehr von ihr, rief ihren Ehemann an und fragte, ob er irgendwelche Veränderungen bemerkt hätte.

Er erzählte, daß sie besser gehen und sprechen könne, wenn sie glaubte, allein zu sein. Ich rief ihren Arzt an, der sie zu mir geschickt hatte, und er sagte, daß sie auf sein Drängen hin zugegeben habe, sie sei krank, weil sie krank sein wollte, damit sich ihr Ehemann und ihre Kinder mehr um sie kümmern würden.

## *Nackenschmerzen*

Wir hatten gerade die zehnte Rolfing-Sitzung beendet, er ging im Zimmer umher und ich fragte ihn, was er vom Rolfen gehabt hätte. Er setzte für ein paar Minuten seinen studierten Blick auf, und sagte dann: „Weißt du, Dub, Ich kann wirklich nichts finden, von dem ich sagen könnte, es hätte sich verbessert." Ich war geschockt und sehr ärgerlich. Ich sagte aber nichts, während er sich anzog, bezahlte und ging.

Dann schaute ich mir die Fotos an, die ich vor der ersten Sitzung von ihm gemacht hatte. Es war deutlich, daß sein Kopf sechs oder mehr Zentimeter zurück über seinen Körper gekommen war, und daß sein Nacken und Körper länger und dünner waren.

Dann schaute ich auf seine Karteikarte. Er war gekommen, weil ihn chronische Nackenschmerzen plagten und er Cortisoninjektionen benötigte, um die Schmerzen erträglich zu machen.

Nach der fünften Sitzung hatte er damit aufgehört und war schmerzfrei geworden.

Ungefähr ein Jahr später traf ich diesen Arzt zufällig auf der Straße wieder und fragte, wie es ihm ginge. Er erzählte, daß sein Nacken immer noch schmerzte, und daß er einfach nichts vom Rolfen gehabt hätte. Er bekam wieder Cortisoninjektionen. Sein Körper war wieder im alten Muster, weil es mir nicht gelungen war, ihm dabei zu helfen, Bewußtheit für die Veränderungen zu entwickeln. Ich meine, daß ich zum Teil deshalb versagt habe, weil er nicht glauben konnte, daß irgend jemand außerhalb des medizinischen Bereichs ihm und seinen Beschwerden wirklich helfen könnte.

## *Eine Fremde küssen*

Als ich an ihrem Nacken arbeitete, war ich von Wärme und Liebe für diese Frau erfüllt, die ich fast nicht kannte. Es war ein Gefühl der Reinheit und des Einssein Ich wußte nicht, wo meine Hände aufhörten und ihr Körper begann. Ich verlor mich mehr und mehr in einer alles umfassenden Einheit. Dann trat ich völlig weg. Nichts existierte mehr.

Das Klopfen an der Tür brachte mich plötzlich zurück. Ich stand auf, ging zur Tür, öffnete, umarmte die Frau die dort stand, und küßte sie zart und weich auf den Mund. Ich sagte, daß ich in ein paar Minuten fertig sein würde und bat sie, im Wartezimmer Platz zu nehmen. Ich ging zurück in mein Arbeitszimmer, schloß die Tür, setzte mich auf meinen Stuhl und fuhr mit meiner Arbeit am Nacken fort.

Dann traf es mich wie ein Blitz: „Ich habe diese Frau niemals zuvor gesehen." Ich sprang auf, eilte zur Tür und fand sie immer noch davor stehend. Ich schämte mich, als ich mich für mein Tun entschuldigte. Sie antwortete nur: „Es schien das Richtige im richtigen Moment gewesen zu sein."

## *Die Wirbelsäulenoperation*

Sie nahm einen tiefen Atemzug, seufzte tief und sagte, daß sie das erste Mal seit Jahren ohne Schmerzen sei. Sie und ihr Ehemann hatten ihren Weg zum Flughafen von Marin County bei mir unterbrochen. Ihr Ehemann war Klient bei mir und hatte darauf bestanden, daß seine Frau ihre erste Sitzung von mir bekommen sollte, bevor sie zu ihrer geplanten Wirbelsäulenoperation nach New York flog. Die Frau flog nach New York, berichtete aber, als sie im Krankenhaus ankam, daß sie keine Schmerzen gehabt habe, seit sie mein Büro verlassen hätte. Die Ärzte setzten die Operation ab, und sie flog wieder nach Hause. Ich schloß eine Serie mit zehn Sitzungen ab. Danach wurde sie schwanger. Ich arbeitete während der Schwangerschaft weiter mit ihr, und ihr Rücken übernahm das zusätzliche Gewicht ohne unübliche Beschwerden.

## *Wachsen*

Er war einer dieser großen Ektomorphen – lange dünne Beine, hohe Schultern wie Kleiderbügel –, und nicht viel Fleisch zum Arbeiten. Er liebte das Laufen, und es war ein Hauptbestandteil seines Lebens.

Es gab für uns beide eine Menge Schmerzen zum Durcharbeiten, und obwohl er in der Lage zu sein schien, durch die Schmerzen eines Marathontrainings zu laufen, war er nicht besonders darauf versessen, auf dem Tisch durch die Schmerzen zu gehen.

Seine erste Sitzung stellte uns beide vor ein wirkliches Problem. Ich hatte Schwierigkeiten, meine Arbeit zu erledigen, und er hatte Schwierigkeiten, mit den Beschwerden umzugehen, die fortlaufend auftauchten. Er stand vom Tisch auf und lief einen großen Teil der Zeit im Zimmer umher. Schließlich waren wir fertig, und ich sagte ihm, daß ich nicht viel Gutes für ihn tun konnte. Ich schlug vor, daß er zu jemand anderem für seine Körperarbeit gehen sollte. Er schien nicht besonders beleidigt zu sein, als wir uns zum letzten Mal, wie ich hoffte, die Hände schüttelten, und er dann ging.

Später, am selben Tag noch, rief er mich an und wollte einen neuen Termin. Ich sagte ihm, daß ich nicht mit ihm arbeiten wollte und fragte ihn, warum er nach solch einer Qual weitermachen wolle. Er sagte, daß er sich gerade gemessen hätte. Er sei drei Zentimeter gewachsen, seit ich mit ihm gearbeitet hatte.

## *Eingefahrene Gewohnheiten*

Ich telefonierte vom Büro aus, als es an die danebenliegende Tür des Arbeitszimmers klopfte. Da es Zeit für meinen zwei Uhr-Termin war, rief ich: „Komm rein, zieh dich aus, leg dich auf den Rücken, ich komme gleich."

Kurze Zeit später legte ich den Hörer auf, ging in mein Arbeitszimmer, um dort eine fremde Frau unter Schock vorzufinden.

## *Werner Erhard*

Nachdem Ida Werner Erhard, dem Gründer von EST, vorgestellt worden war, sah sie ihn von oben bis unten an, drehte sich zu mir um und fragte, ob er ein Rolf-Junkie sei. Als ich lachte und nickte, fragte sie: „Warum hast du seine Ohren nicht an die richtige Stelle gebracht?"

Später als wir alleine waren, sagte mir Ida, daß ich die Hüftgelenksbänder überdehnt hätte. Nachdem wir darüber gesprochen hatten, folgerten wir, daß Werners Angewohnheit, auf einem untergeschlagenen Bein zu sitzen, der wahre Schuldige sei. Ich brachte ein leicht gepolstertes Brettchen an seinem Camping-Klappstuhl an, wohl wissend, daß dieser harte Sitz es für ihn ungemütlich machen würde, wieder auf einem Bein zu sitzen. Er sitzt immer noch auf seinen Beinen und ich weiß nicht, wo das Brettchen geblieben ist.

## *Eine fast schmerzfreie Familie*

Sie war eine schöne, empfindsame Frau, die ich von Anfang an mochte, aber sie spürte Schmerzen, wo immer ich ihr meine Finger ins Fleisch preßte. Es war offensichtlich, daß sie eine harte Zeit haben würde, während sie durch die zehn Sitzungen ging. Ich ließ mit dem Druck nach und fing an zu reden: „Kannst du mir sagen, wie viele Finger ich auf deinem Brustkorb habe? Kannst du die beiden Hände unterscheiden? In welche Richtung bewegen sich meine Finger? Hebe ich dieses Gewebe an? Nimm einen tiefen Atemzug. Wie verändert das deine Erfahrung? Kannst du die Knochen spüren, an denen die Muskeln befestigt sind? Was tue ich? Spürst du, wie es sich bewegt? Bewege jetzt deinen Ellbogen auf einer geraden Linie hinein und hinaus, was fühlst du im Brustkorb? Hole nochmals tief Luft, und spüre den Unterschied."

„Hat das weh getan?" fragte ich.

Sie antwortete „Nein" und lachte. Der Geist kann nur auf eine Sache zur gleichen Zeit achten. Indem ich sie vollkommen auf das Geschehen konzentrierte, hatte sie den Schmerz gehen lassen. Von da an kam sie und der Rest ihrer Familie, außer einem, ihrem Ehemann, nach San Francisco zum schmerzlosen Rolfing. Er war ein sehr erfolgreicher Geschäftsmann, der wirklich außergewöhnlich war. Er war ein netter Mann, ein erfolgreicher Macher. In sich hineinschauen und Meditation waren nicht seine Sache. Als ich mit meinen Fingern drückte, um in sein Gewebe zu kommen, konnte ich fühlen, wie sein Gewebe zurückdrückte. Wir arbeiteten gegeneinander und er spürte Schmerzen. Sobald ich stärker hineindrückte, drückte er stärker heraus, um mich draußen zu halten. Es gab keinen Gewinner. Ich liebe und respektiere diesen Mann, aber ich konnte nicht mit ihm arbeiten.

## *Der große Ehemann und seine zerbrechliche Frau*

Jim erklärte, wie er gerolft werden wollte und fügte hinzu, daß er keine Probleme mit den Schmerzen haben würde. Er sagte gleichzeitig, daß seine Frau Alice sehr schmerzempfindlich sei. Sie sei als Kind verwöhnt worden, hätte nie Probleme oder unangenehme Situationen erlebt und würde wahrscheinlich Beschwerden haben. Jim informierte mich über seine hervorragenden Ergebnisse innerhalb und außerhalb des College, und darüber, wie erfolgreich er als Geschäftsmann sei. Nun ja, Jim wand sich, stöhnte und lahmte durch fünf Sitzungen hindurch, bis er „Genug!“ und „Aufhören!“ schrie, was für mich in Ordnung war.

Alice dagegen war eine reine Freude. Vom ersten Augenblick an konnte ich meine Finger ohne ein Zeichen von Widerstand durch ihr Bindegewebe schieben. Sie hatte keinerlei Schmerzen. Am Ende jeder Sitzung fragte sie mich, warum ich bei ihr nicht das Gleiche wie bei Jim machen würde. Zu Beginn der nächsten Sitzung bestand sie darauf, daß ich ihren Körper in der gleichen Weise wie Jims behandle. Ich denke, daß sie bis heute glaubt, daß ich sie und Jim mit unterschiedlicher Intensität bearbeitet habe.

Der Unterschied lag nicht in meinem Tun. Der Unterschied war, was die beiden taten. Ich fühlte, daß der eine beobachtete und erlaubte, während der andere Schmerzen programmierte und dagegenhielt.

## *Der Nationalliga-Profi*

Ted gab mir einen Stoß, der mich quer durch den Raum warf. Dann rollte er auf seine Füße, die Fäuste geballt, ging er durchs Zimmer und verfluchte einen Spieler, den er beim Namen rief. Er erzählte mir, daß dieser ihn von der Seite erwischt hätte. Sie hatten Ted vom Platz getragen. Sein Gesicht, sein Körper und seine Stimme erlebten diese Situation in der Tat noch einmal. Langsam ließ er die Schmerzen und die Emotionen los und legte sich schließlich zurück auf meinen Tisch. Ich drückte meinen Ellbogen in die gleiche Stelle in seiner Hüfte und ließ ihn sein Knie vor und zurück bewegen. Die unerträglichen Schmerzen waren verschwunden. Die Hüfte bewegte sich jetzt so, wie eine normale Hüfte sich bewegen sollte.

# Funktionale Integration und Bewußtheit durch Bewegung

# Moshe Feldenkrais

Moshe wurde 1904 im russisch besetzten Teil Polens geboren. Mit etwa vierzehn Jahren wanderte er allein nach Israel aus und arbeitete zehn Jahre lang als Bauarbeiter. Obwohl er keine formelle Ausbildung besaß, übersetzte er ein Buch über Autosuggestion, bevor er zum Studium an die Sorbonne nach Paris ging. Er erwarb einen Doktorgrad in angewandter Physik. Seine Doktorarbeit hatte die Entwicklung des Instruments zum Thema, das seine Kollegen und er für die ersten Kernspaltungsexperimente verwendeten. Nachdem Moshe im zweiten Weltkrieg von Frankreich nach England geflohen war, schloß er sich der britischen Admiralität an und beteiligte sich an Forschungen zur U-Boot-Erkennung. Zu dieser Zeit rieten ihm die Ärzte zu einer Operation am Knie, das er sich als junger Mann beim Fußballspielen verletzt hatte. Sie gaben ihm eine Chance von fünfzig Prozent, daß er jemals wieder normal laufen würde. Nach dem Krieg gab er daraufhin seine Karriere als Physiker auf und richtete sein ganzes Interesse auf das Studium von Bewegung und Bewußtheit. Er unternahm langwierige Studien in Neuroanatomie, Yoga und östlicher Philosophie und beschäftigte sich mit den Lehren Gurdjieffs. Mit zweiunddreißig Jahren war er der erste Europäer, der im Judo einen schwarzen Gürtel errang. Er gründete den Judoclub „France“ und schrieb mehrere populäre Bücher zu diesem Thema. Gleichzeitig erwarb er sich die vollständige Funktion seines Knies zurück und entwickelte seine eigenen Methoden, Bewegung und Bewußtheit auch bei anderen zu verbessern.

Moshe sprach mehrere Sprachen und war als Lehrer in Israel, Frankreich, Dänemark, Deutschland, Schweiz und den Vereinigten Staaten bekannt. Er schrieb mehrere Bücher, wie z. B.: „Body and Mature Behaviour“ (dt. Ausgabe bei Junfermann in Vorbereitung), „Der Fall Doris“, „Bewußtheit durch Bewegung“, „Judo“, „Higher Judo“, „Das starke Selbst“, „Die Entdeckung des Selbstverständlichen“ und „Die Feldenkrais-Methode in Aktion“. Moshes Verlangen nach Wissen war unersättlich. Er wollte lernen, was alle anderen taten und dann der Welt zeigen, daß das, was Moshe Feldenkrais tat, das Beste war. Er liebte es, Menschen um sich zu haben, die ihm dauernd erzählten, wie großartig seine Arbeit sei. Es schien so, als ob er immer im Mittelpunkt stehen müßte. Ich fand nie heraus, ob er wirklich solch ein Temperament hatte, oder ob er es einfach nur liebte, dramatisch zu sein. Wenn irgend jemand es wagte, seine Arbeit in Frage zu stellen, wurde er unbändig und brüllte seine Gegenspieler nieder. Er glaubte, daß er eines Tages einen großartigen Schauspieler abgeben würde. Seine physische Präsenz war enorm, und er machte es sich zur Gewohnheit, Männer als Gegner und Frauen als Verbündete einzuordnen. Wenn aber Kinder zugegen waren, wurde er sanftmütig. Die Liebe, das Verständnis und der Spaß zwischen Moshe und seinen jungen Klienten waren unendlich, und es war eine reine Freude dabei zuzusehen.

Ich traf Moshe das erste Mal 1972 in Esalen. Er und Will Schutz gingen von der einen Seite auf ein enges Tor zu, ich kam von der anderen Seite. Wir erreichten das Tor zur gleichen Zeit, stoppten und blickten einander an. Wir standen nur wortlos da. Ich hatte das Gefühl, daß er Maß nahm, und mir schoß der Gedanke durch den Kopf: „Ich schaff' den alten Kauz." Schließlich griff Will ein, stellte uns einander vor und lud uns in sein Haus ein.

Es war meine erste Stunde mit Moshe als er plötzlich schrie: „Alle stop, außer dem einen dort." Er deutete auf mich und sagte: „Du machst einfach das weiter, was du gerade tust." Ich lag auf dem Bauch, wie ungefähr noch zehn andere Teilnehmer und folgte seinen Anweisungen, die Knie im rechten Winkel in bezug zum Boden und die Füße im rechten Winkel in bezug zu den Unterschenkeln zu beugen, so daß die Fußsohlen parallel zum Boden waren.

Moshe: „Schaut einfach auf seine Füße, sie stehen nicht parallel zum Boden, sondern zeigen zur Decke. Dabei denkt er, daß sie flach sind, im rechten Winkel zu seinen Unterschenkeln. Jetzt erklärt mir mal, wie ein Körpertherapeut wissen kann, was er tut, wenn er nicht mal weiß, wo seine eigenen Füße sind?" Dann fuhr er fort, mir spezifische Anweisungen zu geben, wie ich die Füße vor, zurück, hoch und runter bewegen sollte, bis meine Füße nach einigen Minuten parallel zum Boden waren. Schließlich ließ er mich in Ruhe und beendete seine Lektion mit der ganzen Gruppe.

Ich ging, rot vor Scham und Verlegenheit, auf mein Zimmer. Mein Zimmerkollege fand mich, als ich wütend meine Sachen in den Koffer warf. „Was ist denn los?", fragte er.

Ich explodierte: „Ich bin fertig mit ihm, der Mann hat keinerlei Anstand oder Respekt gegenüber anderen Menschen. Es tut mir leid, daß ich ihm geholfen habe, die Reise hierher zu bezahlen. Ich verschwinde." Am nächsten Morgen war ich an der Rezeption, um meine Schlüssel abzugeben, als ich spürte, wie sich ein Arm um meine Schulter legte. Es war Moshe: „Komm, laß uns zurück in den Unterricht gehen." Ich tat es und bin froh darüber.

Moshes berühmtes Knie hatte ihm seit Tagen Ärger gemacht. Einige der besseren Körpertherapeuten in Esalen hatten ohne Erfolg daran gearbeitet. Moshe erzählte uns, daß sich die gleiche Geschichte vor zehn Jahren schon einmal in Tel Aviv ereignet hatte. Seine fortgeschrittenen Schüler hätten einer nach dem anderen daran gearbeitet, aber es war schlechter statt besser geworden, und so sagte er ihnen schließlich, daß er nach Hause gehen und es selber in Ordnung bringen würde.

Am nächsten Tag sprang Moshe in die Luft, und schlug sich mit der Hand auf das vor kurzem noch so schmerzhafte Knie. Natürlich wollten alle wissen, wie er das hinbekommen hatte, und natürlich erzählte Moshe nichts darüber. Einige Monate später, auf einer Party, lösten sie das Rätsel. Er erzählte ihnen, er würde mit seinem Knie reden. Dann zeigte er ihnen die ausgefeilten Manöver, denen er das Knie und sich selbst unterwarf. Er sprach mit dem Knie, als ob er sich mit einem kranken Menschen unterhielte, der nichts mit ihm selber zu tun hatte: „Ja, wir können es ein bißchen nach da beugen, prima, in Ordnung. Nein, gut, das werden wir nicht wieder tun. Ja, gut hier. Langsam jetzt. Gut. Nein, das nicht." usw. Er bewegte sein Knie langsam und vorsichtig, während er seinen Körper dabei in jede erdenkliche Position brachte. Er spielte damit, bis der schmerzhafte Bereich in allen Körperpositionen kleiner wurde oder verschwunden war.

„Sobald ich vollständige Bewußtheit in meinem Kniegelenk erreiche, habe ich dort keine Schmerzen mehr," erzählte er. So behielt er über die Jahre hinweg ein funktionierendes Knie.

Einer nach dem andern mußten wir auf dem Rücken auf den Tischen liegen, Arme längs des Körpers, während der Rest der Gruppe zuschaute. Dann fragte er, was wir beobachtet hätten. Wir berichteten unsere Beobachtungen und Vermutungen und Moshe erklärte: „Kraftvolle Menschen sind die, die mit ihren Handinnenflächen nach unten und den Ellbogen nach außen gedreht daliegen. Die, deren Arme in irgendeiner anderen Weise daliegen, sind nicht in der Lage, die Kraft ihres Beckens durch Schultern und Ellbogen hindurch weiterzuleiten. Ihre Kraft splittert auf und versandet."

„Da stimme ich nicht zu," rief Pritchard, ein Rolfer. „Ich glaube nicht, daß die Ellbogenspitzen gerade nach außen zeigen sollen." Ich, selbst ein Rolfer, warf ein: „Pritchard, Ida sagt dasselbe." Pritchard drehte sich um: „Dann haben eben beide unrecht."

Moshe lief rot an und knurrte: „Alle auf den Rücken, auf den Boden!"

Die nächsten drei Tage bestanden die „Bewußtheit durch Bewegung"-Lektionen aus nichts anderem als Arm-, Schulter-, Handgelenk- und Fingerbewegungen. Moshe hielt keine Vorträge und nahm keine Fragen entgegen. Es gab nur Arbeit, Arbeit und nochmals Arbeit. Unsere Schultergürtel bekamen keine Ruhepause. Stunde um Stunde drehten, beugten und hoben wir unsere Arme in jeder nur denkbaren Position. Ich flüsterte einem anderen Teilnehmer zu, daß, wenn wir damit fertig sein würden, wir alles bearbeitet hätten, was es in unserer oberen Körperhälfte zu bearbeiten gibt. Am Ende des dritten Tages bat Moshe Pritchard, sich neben ihn zu stellen, während die einzelnen Teilnehmer an beiden vorbeigingen. „Da, siehst du," krächzte Moshe, „jeder Arm hängt mit dem Daumen zum Bein hin gedreht, und die Ellbogenspitze zeigt nach außen." Nach drei Tagen bewies jeder in der Gruppe, sogar Pritchard, daß Moshe recht hatte.

Moshes Arbeit in Esalen war so erfolgreich, daß er zu Workshops im ganzen Land eingeladen wurde. Ich entschloß mich, ihm zu folgen. Während unserer Ausbildung in San Francisco war Moshe mürrisch und rechthaberisch, und er wußte es. „Was ich brauche, ist eine junge Frau mit Grübchen in den Backen, die sich um mich kümmert," sagte er und lachte. Ich lachte mit, wohl wissend, was er meinte, nachdem ich das Kapitel über „Muskuläre Gewohnheiten und der Sexualakt" in seinem Buch „Body and Mature Behavior" gelesen hatte.

Wenige Tage später traf eine junge Frau aus Israel ein und kümmerte sich um Moshes Bedürfnisse, und er war wieder er selbst: fröhlich und engegenkommend.

Die Backen mit den Grübchen waren nicht im Gesicht. Grübchen in den Pobacken weisen auf die Fähigkeit hin, das Becken so zu bewegen, wie es für einen vollständigen Orgasmus nötig ist.

Zu einer anderen Gelegenheit beschuldigte einer der Studenten Moshe, daß er Informationen und Techniken zurückhalten würde, die er uns lehren könnte, wenn er nur wollte. Natürlich tat Moshe beleidigt und machte ein ziemliches Theater. Damals dachte ich mir nicht viel dabei. Nach vielen Jahren Arbeit und Erfahrung mit anderen Methoden glaube ich, daß Moshe einiges zurückgehalten hat. Ich kann mich erinnern, ihn beobachtet zu haben, wie er Nerven zurück in ihre ursprüngliche Verlaufsbahn legte. Ich wußte nicht, was er tat, und er erklärte nichts. Diese Fertigkeit wird in den Kampfkünsten seit Jahrhunderten angewendet. Meine Vermutung ist, daß Moshe es von seinen Judolehrern erlernt hatte. Moshe tat immer, was für seine Arbeit notwendig war: Gelenkmanipulation, Selbstbildwahrnehmung durch Suggestionen oder Triggerpunkt-Arbeit.

Moshe reiste nach Vancouver, Kanada, um mit älteren Menschen zu arbeiten und hielt ein Seminar im größten Ballsaal, den ich je gesehen hatte. Er gab eine der Stunden, in denen Rumpf und Beine ein „V" formen. Meinen dicken Bauch so einzuengen war mir unbequem, und ich hatte mich, so weit wie möglich entfernt von ihm, in eine Ecke des Raumes gelegt.

Ich arbeitete ein paar Minuten an der Bewegung auf dem Boden, dann setzte ich mich mit Widerwillen auf und fand einen Stuhl nahe an der Wand. Ich saß dort und vollzog jede Bewegung in meiner Vorstellung mit. Nach einer Weile ging ich zurück und bewegte mich ein paar Minuten auf dem Boden. Dann ging ich zurück zum Stuhl und arbeitete wieder im Kopf mit. Ich blieb diesem Muster den ganzen Abend treu und dachte, Moshe könnte mich nicht sehen.

Gegen Ende des Unterrichts wurde meine Anonymität von Moshe vollständig vernichtet: „Seht ihr den Kerl dort hinten in der Ecke?" fragte er, direkt mit dem Finger auf mich deutend. „Den, der den ganzen Abend immer wieder auf- und niedergehüpft ist? Nun, er hat mehr aus diesem Workshop für sich geholt, als jeder andere. Schaut, wie gut er die Bewegung jetzt macht, dabei hat er die meiste Arbeit in seiner Vorstellung getan." Ich fühlte mich wie die Schönste in Kanadas größtem Ballsaal.

Ich stellte Moshe Werner Erhard vor und beobachtete, wie er an Werners Füßen arbeitete. Er redete, während er arbeitete, und benötigte manchmal zwei Hände, um sich verständlich zu machen. Als dann die geplanten fünfundvierzig Minuten vorbei waren, war Moshe gerade mit dem rechten Fuß fertig. Der linke Fuß war nicht berührt worden.

Als ich Moshe fertigwerden sah, schlug ich vor, daß er meinen Termin benutzen könne, um Werners anderen Fuß zu bearbeiten. Moshe antwortete, daß Werner seinen anderen Fuß selbst in seiner Vorstellung machen könne. „Moshe, du könntest meine Zeit benutzen, um seinen anderen Fuß zu bearbeiten," blieb ich hartnäckig. Moshe drehte sich angewidert um und sagte: „Du hast deine Zeit gerade verloren." Werner und ich gingen beide nach Hause.

Während des Sommers 1980 unterrichtete Moshe sein letztes Fortgeschrittenen-Seminar in San Francisco. Ein alter israelischer Freund und Lehrer Moshes, Elie Fabian, war während dieser Zeit zu Gast in meinem Haus. Moshe hatte ihn als besonderen Gast zum Seminar eingeladen. Eines Tages erzählte Moshe eine seiner langen, meist pointierten Geschichten. Wie er die Geschichte entwickelte, stieß mich Elie dauernd mit seinem Ellbogen an und sagte: „So war es nicht. Ich war dabei."

Als der Seminarabschnitt zu Ende war, erzählte Elie das Ereignis, wie er es erlebt hatte und sagte, daß er Moshes Gedächtnis bei nächster Gelegenheit nachhelfen würde.

*Moshe beim Unterricht, Lone Mountain College, 1976*

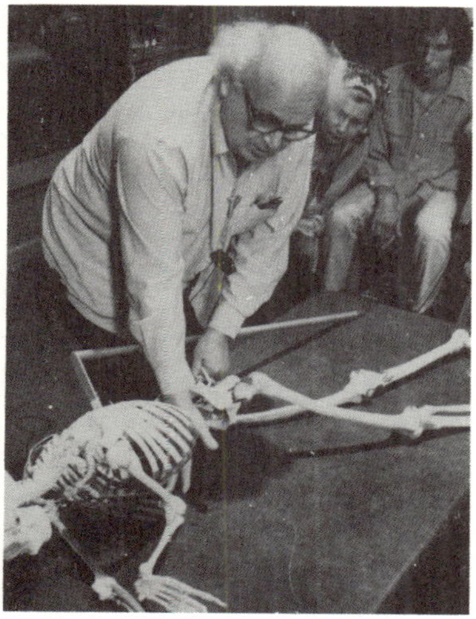

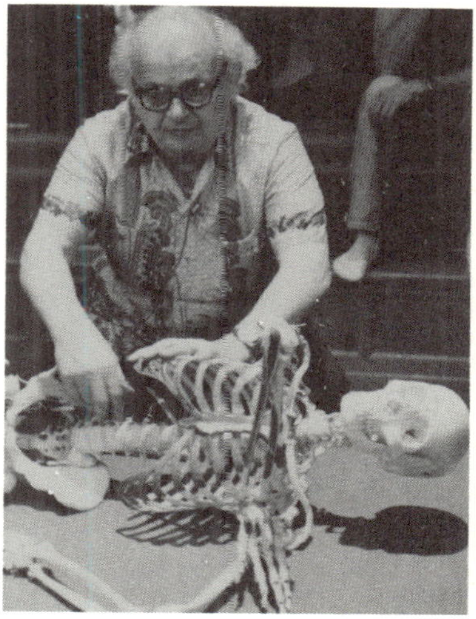

Moshes Antwort war: „Das spielt keine Rolle." Er erklärte, wie schon oft, daß seine Studenten die Einzelheiten dessen, was er am Morgen erzählt hatte, vergessen würden. An die Geschichte und ihren Sinn würden sie sich dagegen erinnern. Auf diese Weise unterrichtete Moshe, und seine Studenten lernten, auch wenn die Geschichten zum Teil erfunden waren.

# Bewegung und Bewußtheit

Der Mensch ist ein Tier aufgrund seiner Struktur. Er ist das höchstentwickelte Tier und ein menschliches Wesen aufgrund der Funktionsweise seines Nervensystems. Die Hand des Menschen unterscheidet sich nur wenig von der eines Affen – in der Position und der Bewegung des Daumens –, aber das Nervensystem des Menschen erlaubt ihm, die Muskeln und Knochen seiner Hand zu all dem zu nutzen, was ein anthropoider Affe nicht tun kann: die feinen manipulativen, spezifisch menschlichen Bewegungen wie Schreiben, ein Musikinstrument spielen, Banknoten zählen, eine Uhr reparieren oder ein Mikroskop fokussieren.[1]

*Moshe Feldenkrais*

Die menschliche Spezies ist sehr viel weniger von Instinkten geprägt als alle anderen Tierarten. Wir sind einmalig, weil unser Nervensystem bei unserer Geburt nicht fest vernetzt ist. Unsere Gewohnheiten eignen wir uns während unseres Lebens an. Das Kalb fällt, gekleidet in Fell, aus der Kuh, steht auf, findet das Euter und fängt an zu saugen. Das menschliche Baby wird nackt und hilflos geboren. Es kann nur schreien und wimmern, wenn seine Bedürfnisse nicht erfüllt werden. Tiere besitzen bereits zum Zeitpunkt ihrer Geburt fest verdrahtete Muster für ihr ganzes Leben, und die Hirngröße verändert sich nur sehr wenig. Menschen werden mit dem wohl komplexesten und weitentwickeltsten Nervensystem, aber nur einem einzigen funktionierenden Reflex geboren, dem Fallreflex. Dieser führt dazu, daß das Kind sich krümmt, wenn es fällt. Wir erlernen die meisten Muster, die wir zum Überleben benötigen, und wenn wir erwachsen sind, ist unser Gehirn fünfmal größer als bei unserer Geburt. Verglichen mit Tieren, haben wir eine unendlich viel größere Kapazität, verschiedene Verhaltensmuster zu erlernen. Der hohe Entwicklungsstand unseres Nervensystems macht Selbstbewußtheit und Verfeinerungen der muskulären Aktion in einem bemerkenswerten Ausmaß möglich. Es ist uns möglich, anmutig in voller Bewußtheit zu leben.

Wenn unser Nervensystem uns einen Vorteil gegenüber Tieren gewährt, so erlaubt es uns auch, ineffiziente und verzerrte Muster zu erlernen. Um z. B. nur zu sitzen, ordnen wir selten unsere Struktur so an, daß die Schwerkraft uns unterstützt. Statt dessen spannen wir unsere Hüftmuskeln, belasten unseren Rücken, behindern unseren Atem, drücken unseren Nacken nach vorn usw., und beeinträchtigen dabei nicht nur unsere motorische Aktivität, sondern auch unsere Gedanken und Gefühle.

Was wir in unser Nervensystem einprogrammieren, sind nicht isolierte Muster aus Bewegungen, Gedanken und Gefühlen, sondern einheitliche Erfahrungen. Das Selbst zeichnet die Bewegungen, Gedanken und Gefühle einer Erfahrung als Ganzes auf. Sie sind unteilbar, und Veränderungen in irgendeinem Teil werden durch Veränderungen in allen Teilen reflektiert.

Feldenkrais richtete sein Augenmerk darauf, schlechtangepaßte Muster zu verändern, indem die motorischen Komponenten des unerwünschten Verhaltens bewußt gemacht werden. Er betonte, daß motorische Aktivität essentiell für jedes Verhalten sei, nicht nur für beobachtbare Bewegungen, sondern sogar für Gedanken, Gefühle und Bewußtsein an sich. Die folgenden Textstellen stammen aus zwei Vorträgen, die Feldenkrais auf dem Kopenhagener Kongreß für Funktionale Bewegung und Entspannung in den frühen siebziger Jahren gehalten hat.

> Ich bin überzeugt davon, daß die Einheit von Körper und Geist eine objektive Realität ist, daß die beiden nicht Größen sind, die in der einen oder anderen Art und Weise in Beziehung zueinander stehen, sondern daß sie ein untrennbares Ganzes bilden. Um diesen Punkt zu verdeutlichen, behaupte ich, daß ein Gehirn ohne motorische Aktivität nicht denken kann, oder daß zumindest die Kontinuität mentaler Funktionen durch entsprechende motorische Funktionen gesichert wird.
>
> Lassen Sie mich diese Aussage an einigen verblüffenden Beispielen verdeutlichen:
>
> a. Es dauert länger, die Zahlen zwischen zwanzig und dreißig zu denken, als die von eins bis zehn, obwohl die numerischen Intervalle zwischen eins und zehn die gleichen sind wie zwischen zwanzig und dreißig. Der Unterschied liegt in der Tatsache, daß die Zeitintervalle

proportional zu der Zeit sind, die benötigt wird, die entsprechenden Zahlen laut auszusprechen. Dies legt nahe, daß wir tatsächlich die mentalen Steuerungsmechanismen des Stimmapparates mobilisieren...

b. Beim Zählen finden wir im Allgemeinen eine Verbindung zwischen den motorischen Anteilen von Sehen und Sprechen, die die Geschwindigkeit der Gedanken auf die Geschwindigkeit der motorischen Anteile beschränkt.
c. Die meisten Menschen können nicht klar denken, ohne die motorischen Funktionen des Nervensystems soweit zu aktivieren, daß sie sich der Wortmuster bewußt werden, die den Gedanken repräsentieren... Diese Beispiele zeigen, daß eine Verbesserung der Geschwindigkeit und der Klarheit des Denkens möglicherweise durch eine Reduzierung des Bewegungsanteils und durch eine reibungslosere Ausführung der muskulären Kontrolle erreicht werden kann.

Wir haben keine Wahrnehmung für die innere Arbeit des Zentralnervensystems; wir können ihre Manifestation nur soweit spüren, wie Augen, der Stimmapparat, die Mimik und der restliche Körper unsere Aufmerksamkeit erfordern. Dies ist der Zustand von Bewußtsein!

Lassen Sie uns das Fühlen genauer betrachten:

a. Ich bin ausgeglichen, mein Atem ist gleichmäßig, mein Gesicht lächelt beinahe. Ich bin fröhlich. Wenn ich schlecht gelaunt bin, herrscht eine ganz andere motorische Haltung. Mein Gesicht sieht aus wie bei jemandem, der sich übergeben wird oder schon hat.

b. Ich halte meinen Unterkiefer fest, meine Fäuste sind geballt, der Atem wird angehalten; mein Pulsschlag ist beschleunigt, meine Augen und der Kopf bewegen sich ruckartig, der Nacken ist steif. Ich bin wütend und kurz davor, jemanden zu verletzen, versuche aber, mich nicht gehen zu lassen... Es gibt gewöhnlich ein motorisches Muster, das ausreichend für eine objektive Einschätzung der Intensität von Gefühlen ist.

Nicht nur die individuelle Entwicklung oder Abweichung können im Körper aufgespürt werden, sondern auch kulturelle und rassenbedingte Haltungsunterschiede. Beispielsweise findet die Introversion, das Unbeteiligtsein und die Indifferenz der Hindu in der lockeren Haltung ihrer Hüftgelenke Ausdruck; und die extrovertierte, klammernde, „Zeit ist Geld"-Haltung der Menschen in Industrienationen zeigt sich in ihrer Unfähigkeit, mit gekreuzten Beinen zu sitzen. Man braucht natürlich Zeit zur Introspektion und für das Auflösen von Bindungen, um weicher zu werden und den Hüftgelenken ihre normale Funktion wieder zu ermöglichen.

Der Vorteil, sich der Einheit des mentalen und muskulären Lebens vom Körper her zu nähern, liegt darin, daß der muskuläre Ausdruck einfacher ist. Er ist konkret und leicht zu lokalisieren. Es ist auch unvergleichlich einfacher, einen Menschen sich dessen bewußt werden zu lassen, was sich ereignet, und man erreicht deshalb schnellere und direktere Ergebnisse.[2]

Feldenkrais hatte zwei grundlegende und umfassende Ideale, die seine Arbeit bestimmten:

1. Bewegung sollte durch die Struktur des Skeletts und nicht durch die Muskulatur begrenzt sein.
2. Handeln sollte anmutig und mit größtmöglicher Effektivität stattfinden. Er schrieb:

Die Kopfbewegungen sollten keine Bewegungsrichtung bevorzugen. Der Kopf soll sich leicht in alle Richtungen des anatomisch möglichen Bewegungsspielraumes bewegen lassen. Der beschränkende Faktor sollte die Struktur des Skeletts und nicht irgendeine muskuläre Behinderung sein. Es kann gezeigt werden, daß jeder Erwachsene nur einen Teil der theoretischen Möglichkeiten des menschlichen Spielraumes nutzt. Die gesunden, koordinierten Bewegungen des Körpers als Ganzes gehorchen dem mechanischen Prinzip der geringstmöglichen Aktion, während die Muskeln dabei ihre Aufgabe mit dem geringstmöglichen Aufwand an metabolischer Energie verrichten. Im Rahmen dieser Prinzipien, die die Aktionen des gesamten menschlichen Körpers bestimmen, läßt sich zwischen normalem und abnormalen Verhalten unterscheiden.[3]

Feldenkrais nannte seine Einzelarbeit „Funktionale Integration" und seine Gruppenarbeit „Bewußtheit durch Bewegung". Er wollte seine Klienten lehren, sich dessen, was sie tun, bewußt zu werden. Oft sagte er: „Wenn du nicht weißt, was du tust, kannst du sicherlich nicht das tun, was du willst." In seiner Einzelarbeit, in Ergänzung zu Übungen in Bewegung und Bewußtheit, benutzte Feldenkrais seine Hände, um eine neue Bewußtheit im Nervensystem zu schaffen. Er beschrieb seine Arbeit folgendermaßen:

Ich beschäftige mich niemals mit einem betroffenen Körperteil oder Gelenk, bevor nicht eine Verbesserung der Kopf-Nacken-Relation und der Atmung erreicht wurde. Dies wiederum kann nicht ohne eine Verbesserung der Wirbelsäulen-Thorax-Anordnung geschehen. Danach müssen Becken und Bauchraum korrigiert werden. In der Praxis stellt diese Prozedur eine aufeinanderfolgende Serie von Annäherungen dar, von denen jede einzelne dann eine weitere Verbesserung des zuvor bearbeiteten Segments erlaubt.

Ich bestehe auf dreißig bis vierzig täglichen Sitzungen und für weitere zehn Wochen auf zwei bis drei wöchentlichen Sitzungen, bis die Hauptbeschwerden verschwunden sind. Normalerweise, das heißt in fünfzig Prozent der Fälle, verschwinden Schmerzen und Unfähigkeiten, Körperteile zu bewegen, noch bevor die täglichen Sitzungen vorüber sind... Im Pflichtteil gehe ich durch dreißig verschiedene Situationen bis zum Sitzen, Stehen, Gehen und Balancieren auf zwei hölzernen Rollen.[4]

Eine von Moshes Techniken bestand darin, Abweichungen zu folgen, bis sie nachließen. Manche Anomalien treten auf, wenn zwei antagonistische Muskeln oder Muskelgruppen einander opponieren, anstatt zusammenzuarbeiten. Moshe würde die Abweichung verstärken und damit den dominanten Muskel zwingen, sich zu entspannen, da er, Moshe, seine Arbeit übernimmt. Der schwächere Muskel muß sich verlängern und wird stärker durchblutet. Betrachten wir beispielsweise seine Arbeit bei Skoliosen, seitlichen Verbiegungen der Wirbelsäule. Bei Skoliosen ist ein Psoas-Muskel schmal, sehnig und hat einen geringen Muskeltonus. Er ist viel zu lang, verglichen mit dem anderen Psoas-Muskel, der zusammengezogen, dick, kurz, hart und schmerzhaft ist, wenn er bearbeitet wird. Legt sich ein Mensch mit einer Skoliose auf den Rücken, ist das Bein auf der dicken und harten Seite kürzer als das andere und hat die Tendenz, sich nach außen zu drehen. Moshe würde dieses Bein zum Kopf schieben und es damit noch weiter verkürzen. Jetzt kann der Muskel, der das Bein angezogen hatte, seine Funktion nicht mehr ausüben. Moshe verkürzt das Bein stärker, als es dem Muskel möglich ist. Da der Muskel nicht arbeiten kann, muß er entspannen. Dann würde Moshe den anderen Psoas noch mehr in die Länge ziehen. In dieser Weise stimuliert, wird er stärker durchblutet, was ihn besser nährt und entschlackt. In beiden Muskeln wird dadurch eine neue Bewußtheit geschaffen, und läßt Moshe das Bein los, sind beide ausgeglichener als zuvor.

In seiner Gruppenarbeit war Moshe bestrebt, die Bewußtheit im Handeln zu vergrößern. Er versuchte, die Wahrnehmung des Menschen für seinen Körper zu stimulieren, indem er Bewegungen in kleinen Abschnitten, mit vollständiger Bewußtheit tun ließ. Gewöhnlich begann er einfach damit, Bewußtheit in das Liegen am Boden zu bringen:

> Jeder untersucht aufmerksam den Kontakt seines Körpers mit dem Boden und lernt schrittweise, Unterschiede zwischen den Punkten zu entdecken, die wenig oder gar keinen Kontakt, und solchen, die vollständigen und klaren Kontakt mit dem Boden haben. Dieses Training entwickelt Bewußtheit in der Ortung der Muskeln, die den schwachen Kontakt zum Boden durch ihre dauernde, übermäßige Spannung bedingen. Diese Muskeln halten Teile des Körpers vom Boden entfernt. Muskuläre Bewußtheit allein kann die Spannung ausgleichen. Darüber hinaus werden Verbesserungen nur dann ins tägliche Leben übernommen, wenn es gelingt, eine Steigerung der Wahrnehmung für das Skelett und seine Anordnung zu entwickeln. Hierbei stellen die Hüftgelenke die größte Herausforderung dar. Bei Menschen, die auf Stühlen sitzen, ist im Vergleich zu Menschen, die am Boden sitzen, keine Bewußtheit des Ortes und der Funktion dieser Gelenke vorhanden. Der Stuhlsitzer verfehlt fast ohne Ausnahme den richtigen Ort, wenn er aufgefordert wird, die Hüftgelenke zu lokalisieren. Mehr noch, er benutzt seine Beine so, als ob die Beine dort, wo er sie in seinem persönlichen Körperbild verbunden hat, und nicht, wo sie tatsächlich mit dem Körper verbunden sind.
>
> Gewöhnlich stelle ich klar, daß die Arbeit darin besteht, Bewußtheit in Aktion zu erreichen. Oder anders ausgedrückt, die Arbeit führt zu der Fähigkeit, gleichzeitig Kontakt sowohl zum eigenen Skelett und zu den Muskeln, als auch zur Umgebung zu halten. Das ist keine Entspannung, da wahre Entspannung nur aufrechterhalten wird, wenn nichts geschieht. Das Ziel sind gesunde, kraftvolle, leichte und angenehme Bewegungen. Die Verminderung der Spannung ist notwendig, da effiziente Bewegung mühelos ist.[5]

Für einen weiten Bereich der menschlichen Aktivität gilt das Weber-Fechnersche Gesetz. Es besagt, daß der kleinste wahrnehmbare Unterschied durch das Verhältnis des Reizes in bezug zum Gesamtreiz und dessen Änderung bedingt ist. Moshe dazu:

> Wenn ich zehn Kilo hebe, kann ich eine landende Fliege nicht wahrnehmen, weil der kleinste wahrnehmbare Unterschied, den ich in

diesem Reizbereich erkennen kann, ein halbes Kilo ist. Wenn ich andererseits eine Feder hebe, macht eine Fliege einen großen Unterschied. Es ist offensichtlich, daß man, um Unterschiede zu bemerken, zuerst den Gesamtaufwand reduzieren muß. Immer feinere Handlungen sind nur dann möglich, wenn die Sensitivität, das heißt, die Fähigkeit einen Unterschied wahrzunehmen, verbessert wird.[6]

Daher forderte Moshe seine Klienten auf, weniger zu tun als sie konnten. So erreichen sie volle Bewußtheit in der Bewegung und können über Grenzen hinausgehen, die sie sich selbst gesetzt hätten, wenn sie sich von Anfang an zu maximaler Anstrengung gezwungen hätten. Es werden langsame, manchmal kaum wahrnehmbare und niemals anstrengende Bewegungen benutzt. Dadurch wird ein Bewußtheitszustand geschaffen, in dem der Körper wahrnehmen kann, was funktioniert und was nicht. Wenn Bewußtheit eine Bewegung erfüllt, kann der Mensch die parasitären Bewegungen unterlassen und die essentielle Bewegung elegant, geschmeidig und angenehm vollziehen. Die meisten Bewegungen benötigen nur geringe Muskelaktivität, ungefähr fünf bis maximal zehn Prozent der vorhandenen. Das bedeutet, daß neunzig bis fünfundneunzig Prozent aller Muskeln gehemmt werden müssen. Steigende Bewußtheit einer Bewegung führt dazu, daß nur die notwendigen Muskeln aktiviert und die restlichen gehemmt werden.

Erfüllt Bewußtheit den ganzen Körper eines Menschen, ist das Selbstbild vollständig. Ist das Selbstbild eines Menschen vollständig, erscheint er anmutig. Überdenken Sie Moshes Beschreibung der korrekten Haltung:

Die aufrechte Haltung ist eine biologische Qualität des Menschen, und weder Machen, Halten oder irgendeine andere Anstrengung sollten wahrgenommen werden. Die augenblickliche Haltung resultiert immer aus dem, was inhärente Mechanismen und das, was wir erlernten, um uns an unsere physikalische und soziale Umwelt anzupassen, vorgeben. Vieles von dem, was wir erlernt haben, ist schädlich für das System, da es unter dem Zwang, Zuneigung zu erhalten, oder unter dem Streß unmittelbarer Bedrohung erlernt wurde. Unsere wahren Bedürfnisse wurden aufgrund unserer unmittelbaren Abhängigkeit von anderen verzerrt....

Das dynamische Konzept aufrechter Haltung besteht aus folgendem: Der Körper sollte so organisiert sein, daß er jede Bewegung, d.h.

vorwärts, rückwärts, seitwärts, hoch und hinunter einleiten kann, ohne eine vorhergehende Anordnung der Körpersegmente, ohne eine plötzliche Veränderung des Atemrhythmus vorzunehmen und ohne den Unterkiefer nach oben zu pressen oder die Zunge anzuspannen, auch ohne Anspannung der Nackenmuskeln oder Fixation der Augen. In diesem Zustand wird der Kopf nicht festgehalten, sondern kann sich ohne Vorbereitung in jede gewünschte Richtung bewegen. Wenn all diese Bedingungen während einer Handlung erfüllt sind, wird selbst das Heben des gesamten Körpergewichts nicht als Aufwand wahrgenommen.[7]

# Das Nervensystem neu vernetzen

Bei der Feldenkrais-Arbeit wird der Körper des Klienten normalerweise in eine passive Position gebracht. Er liegt entweder auf einem Behandlungstisch oder auf dem Boden. Kissen und Rollen werden benutzt, um jeden Muskel, der möglicherweise immer noch angespannt ist, zu entspannen. Wenn der Körper so entspannt wie möglich ist, werden kleine Bewegungen benutzt, um damit unbewußte, gewohnte Bewegungs- und Spannungsmuster bewußt werden zu lassen. Danach können sie sich auflösen. Die Bewegungen sind einfach und leicht, und nach fünfzehn bis zwanzig Wiederholungen reduziert sich der Aufwand auf wenig mehr als einen Gedanken. So entwickelt sich ein Maximum an Sensitivität im Menschen und es wird möglich, minimale Veränderungen im Muskeltonus und in der Anordnung verschiedener Körperteile wahrzunehmen. Mit wachsender Bewußtheit verschwinden unangepaßte Muster.

Diese Bewegungsmuster sind mit gewohnten und ebenfalls unbewußten strukturellen und emotionalen Mustern verbunden. Sobald das unangepaßte Funktionsmuster gelöst ist, verbessern sich Struktur, Gefühl und das Umfeld des Menschen, „Ob du es willst oder nicht" – wie Moshe zu sagen pflegte. Die folgenden Fallgeschichten stammen aus meiner Feldenkrais-Arbeit.

## *Der Nacken des Lehrers*

Sein Kopf neigte sich zur linken Seite. Sieben Jahre lang war er nicht in der Lage gewesen, ihn zur Mitte zu bringen. Ich versuchte ihn zur Mitte zu bewegen, worauf sein gesamter Rücken spastisch wurde. Er stöhnte vor Schmerzen. Er erzählte mir, daß er seit einem Autounfall an diesem Problem leide. Die Röntgenbilder und andere Tests zeigten keinen organischen Schaden, der eine solche Einschränkung verursachen könnte. Er war über die Jahre von einem Arzt zum anderen gepilgert, um sich Erleichterung zu verschaffen, ohne dadurch etwas zu erreichen. Er nahm mit Moshe Kontakt auf, doch der ging nach Israel zurück und schickte ihn deshalb zu mir. Ich fand heraus, daß die Schulter angehoben werden konnte ohne die Spastik auszulösen und daß der Kopf zusammen mit der Schulter zur Mitte gebracht werden konnte. Ich bewegte Kopf und Schulter als ein Teil auf und ab, bis sich der Kopf direkt über dem übrigen Körper befand. Dann ließ ich Nacken, Kopf und Schulter langsam zur alten Position zurückgehen. Langsam trennte ich die Bewegung der Schulter von der des Nackens, bis ich Kopf und Schulter soweit heben konnte, daß der Kopf gerade in der Mitte war. Dann ließ ich die Schulter sich senken, während ich den Kopf festhielt. Schmerzen oder Krämpfe blieben aus. Seine Schulter war unten und sein Kopf gerade in der Mitte. Tränen rollten über seine Wangen, als er in den Spiegel blickte und schluchzte: „Was soll ich meiner Frau erzählen? Was soll ich meinen Schülern sagen? Was werden meine Nachbarn sagen?"

## *Der Rücken des Kranführers*

Sein Rücken war verkrampft und es war für ihn schmerzhaft, auf dem Boden zu liegen und die Feldenkraisübungen zusammen mit zweihundertfünfzig anderen Leuten in dem Seminar auszuführen, das ich leitete. Der Schmerz wurde mit jeder Bewegung schlimmer. Später erzählte er mir, daß er ständig zu sich gesagt hätte: „Gott sei Dank, daß Dub hier ist und sich um mich kümmert. Ich weiß, daß ich auf einer Trage hinausgebracht werden muß. Vielleicht sterbe ich gleich hier am Boden."

Über Monate hinweg sammelte er Spannungen in seinem Rücken an, während er seinen Riesenkran bediente. Dann, wenn er die Schmerzen nicht mehr länger aushalten konnte, kam er zu mir, um sich rolfen zu lassen. Es war ein Kreislauf: Schmerz entwickeln, gerolft werden, den Schmerz verlieren; Schmerz entwickeln, wieder gerolft werden und so weiter. Auf meinen Vorschlag hin nahm er am Seminar teil. An dem oben beschriebenen fünften Abend des Seminars ging er durch eine Stunde voller Schmerz. Wenn es zu schmerzhaft wurde, bewegte er seine Knochen und Muskeln nur in der Vorstellung. An diesem Abend wurde er den Schmerz los, ohne Rolfing oder Medikamente, und ich verlor wieder einen guten Kunden.

## *Die geheimnisvolle Heilung*

Ein Stahlkabel war gerissen und hatte sich um Glens rechte Seite geschlungen. Es hatte ihn in eine Maschine gezogen, die ihn gequetscht hatte. Irgendwie hatten sie ihn gerettet, und ein Arzt hatte ihn Jahre später zu mir geschickt, um zu sehen, was ich für seinen verkrüppelten Körper tun konnte. Ich arbeitete nach der Feldenkraismethode mit ihm. Langsam konnte ich die Krämpfe und Schmerzen, die ihn plagten, etwas mindern, aber sie verschwanden nicht.

Eines Abends besuchte ich ihn zuhause, um zu sehen, ob ich einen besonders schweren Schmerzanfall erleichtern konnte. Dabei stießen wir auf eine merkwürdige Sache. Wann immer er seine Augen nach rechts richtete, rief das den ganzen alten Schmerz und das Trauma des Unfalls wach, als ob das Kabel ihn erneut peitschen würde. Lediglich die Augäpfel nach rechts zu bewegen konnte seinen ganzen Körper sich verkrampfen lassen.

Ich gab ihm einige Übungen zur Differenzierung seiner Augen- von den Kopfbewegungen. Normalerweise sind diese beiden Bewegungen miteinander verbunden, aber in diesem Fall ließ ich ihn den Kopf festhalten, während er seine Augen in alle Richtungen bewegte. Dann bat ich ihn, die Augen ein wenig von der Mitte nach rechts und wieder zurück zur Mitte zu bewegen. Schrittweise vergrößerten wir den Abstand, wobei ich sicherstellte, daß er die Augen zurück zur Mitte brachte, sobald er erste Anzeichen für die Auslösung eines Muskelkrampfes spürte. Auf diese Weise vergrößerte er schrittweise seine Bewegungsfreiheit und verkleinerte das Gebiet, in dem seine Krämpfe ausgelöst wurden. Ich zeigte ihm noch weitere Übungen für Augenbewegungen mit der selben Absicht.

Einige Monate waren vergangen, als mich der Arzt, der ihn zu mir geschickt hatte, anrief, um mir zu sagen, um wieviel besser es Glen ginge und mir für meine Hilfe dankte. Ich sagte nichts. Da ich ihn seit jenem Abend nicht mehr gesehen hatte, war ich ziemlich verwirrt.

Mein Verstand begann zu arbeiten. Zu wem war er gegangen? Einem Chiropraktiker, einem Krankengymnasten, einem anderen Feldenkrais-Practitioner? Ich wußte, daß meine Arbeit wenig gebessert hatte. Ich rief Glen an und fragte ihn, wie es ihm ginge. Er antwortete: „Viel besser, es wird immer besser." Ich fragte ihn, ob ich vorbeikommen könne.

Er empfing mich an der Tür. Es war offensichtlich, daß er sich leichter und ohne Schmerzen bewegen konnte. Ich sagte ihm, daß er viel besser aussähe und fragte ihn, was er dafür tat.

„Ich mache einfach die Übungen, die du mir gegeben hast", antwortete er. Ich hatte völlig vergessen, daß ich ihm „Bewußtheit durch Bewegung"-Übungen gegeben hatte, die er allein tun konnte.

## *Sie liebte steif wie ein Brett*

Sie erzählte, daß Sex mit College-Männern nichts für sie sei. Sie experimentiere jetzt mit lesbischem Sex. Sie erwähnte den Namen einer anderen Klientin von mir.

Ich sagte ihr, daß sie keine große sexuelle Befriedigung geben oder erhalten würde, solange ihr Becken eingefroren wäre. Das sei, als ob man mit einem Brett ins Bett ginge. Sie wurde böse und wütend. Nun ja, um eine lange Geschichte kurz zu machen, von der anderen verheirateten Klientin wurde mir berichtet, daß sie ihr Becken befreit und in Funktion gebracht hatte. Sie hatte einen Freund gefunden und war glücklich mit ihrem Sexualleben.

Die verheiratete Frau wurde mit ihrem Ehemann und ihrer Familie glücklich, nachdem wir ihre Sitzungen beendet hatten.

## *Rolfing durch Bewußtheit*

Er hatte große Schmerzen, als ich eine Seite seines Körpers rolfte, und keiner von uns beiden wollte an der anderen Körperseite fortfahren, nachdem wir die eine beendet hatten.

Ich erklärte ihm, daß ich alles, was wir auf der einen Seite getan hatten, noch einmal erzählen würde. Wenn er in seiner Vorstellung alle Bewegungen, Gefühle und Sensationen usw. erinnern und auf die andere Hirnhälfte übertragen könne, sei er vielleicht in der Lage, die unbearbeitete Körperseite selber zu bearbeiten.

Ich besprach alle Bewegungen, die ich tun würde, so als ob ich die zweite Seite tatsächlich bearbeitete und bat ihn, sich zu erinnern: an jede Bewegung und an die damit verbundenen Schmerzen, die er empfunden hatte, als die erste Seite bearbeitet wurde. Ich legte meine Hand leicht auf sein Bein und fragte ihn, ob er sich erinnere, wie es sich angefühlt hatte, als ich tief zwischen die beiden Muskeln gegangen war, und bat ihn, die gesamte Erinnerung wiederaufleben zu lassen, den Schmerz und das Stöhnen eingeschlossen. Das tat er.

Nachdem ich ein paar Minuten zugeschaut hatte, verließ ich den Raum und traf einen anderen Rolfer draußen im Warteraum vor meinem Arbeitszimmer. Da wir beide meinen Klienten hören konnten, wie er geräuschvoll durch seine Schmerzen ging, ich aber nicht im Raum war, fragte er mich, was in meinem Arbeitsraum vor sich ginge. Ich erzählte dem erstaunten Rolfer, daß mein Klient sich selber rolfe.

Beim Überprüfen fand ich heraus, daß die Resultate auf beiden Seiten gleich gut waren, und in bestimmter Hinsicht war die zweite Seite sogar besser. Als sich die Geschichte herumsprach, hatte ich Ida einiges zu erklären.

## *In der Vorstellung Laufen*

Stewart, ein EST-Trainer, kam zu seiner Rolfing-Sitzung. Er beschwerte sich darüber, daß Werner eine neue Regel aufgestellt hatte und das gesamte Team jede Woche laufen mußte. Stewart war nicht gerade für seine physische Kraft bekannt, noch kannte man ihn als jemand, der Unnötiges oder Unangenehmes tat. Er suchte nach einem Ausweg, und ich zeigte ihm einen. Ich sagte: „Leg deine Füße auf deinen Schreibtisch und lauf in deiner Vorstellung." Diese Art des Laufens war mehr nach seinem Geschmack. Ein paar Wochen später kam er vorbei und grinste. Er war in der Vorstellung gerannt, während seine Füße auf dem Schreibtisch lagen. Seine Kollegen waren dahintergekommen und ließen ihn in der wirklichen Welt laufen. Sie stoppten ihn und verglichen die Zeit mit der aus seinem ersten Lauf Wochen zuvor. Dabei fanden sie, daß er sich in stärkerem Maße verbessert hatte als alle anderen, die gutgläubig den Asphalt getreten hatten. Alle waren damit einverstanden, daß Stewart weiterhin laufen konnte, während seine Füße auf seinem Schreibtisch lagen.

## *Die geschundenen Knie der kleinen alten Dame*

Als die kleine, achtzigjährige Frau durch meine Tür kam, sah sie aus, als ob sie ein Bus überfahren hätte. Sie erzählte mir, daß sie von einem Jogger umgerannt worden war, als sie aus dem Bus ausstieg. Wir zogen die zerissenen und schmutzigen Kleider bis auf die Unterwäsche aus. Ich fragte, ob sie irgendwo Schmerzen hätte. Sie sagte: „Nur im rechten Knie." Auch als sie umherging schmerzte nur das rechte Knie. Das rechte Knie war blutig, zerschrammt und angespannt.

Ich ließ sie sich hinlegen und schob eine Rolle unter ihre Knie und ein Kissen unter ihren Kopf. Ich entschloß mich, zuerst ihren Nacken zu bearbeiten, um sie zu beruhigen und uns ins Hier und Jetzt zu bringen. Nachdem sie sich entspannt hatte, ließ ich den Nacken und ging an ihr linkes, gesundes Knie. Ich drückte dann das linke Knie rund um das vorgestellte verletzte Gewebe, um sicher zu gehen, daß ich ihre Aufmerksamkeit direkt unter meinen Fingern hatte.

Ich fragte laufend, ob es irgendwo schmerzte und stellte sicher, daß ihre Aufmerksamkeit bei ihrem linken Knie blieb. Ich drückte langsam einen Punkt nach dem anderen, bis ich das ganze Knie mehrmals bedeckt hatte. Dann fragte ich sie, ob sie irgendwo Schmerzen hätte. Ihre Antwort war „Nein". Ich bewegte das gute Knie langsam hin und her, und lenkte damit ihre Aufmerksamkeit in die Bewegung. Sie gab keine Schmerzen an. Dann wiederholte ich das Ganze mit ihrem verletzten Knie und sie berichtete keine Schmerzen. Ich nahm meine Flasche mit einem Desinfektionsmittel sowie Kleenex und wusch das Blut und den Schmutz vom verletzten Knie ab.

Nachdem ich ihren Nacken und ihren Rücken bearbeitet hatte, stand sie auf, und ging ohne Schmerzen im Raum umher. Ich schlug ihr vor, einen Arzt aufzusuchen und sich untersuchen zu lassen. In jedem Fall solle sie mich am nächsten Morgen anrufen.

Sie rief an und berichtete, daß sich das verletzte Knie sehr gut anfühlte, das gesunde Knie dagegen etwas verspannt war, und daß sie das nicht verstand.

## *Der Ballettstar*

Als er versuchte, auf seinen Füßen zu stehen, stürzte er fast zu Boden. Er verbrachte Minuten damit, sein neues Gleichgewicht zu finden. Schließlich gab er auf, setzte sich auf den Boden und weinte. Er war ein Ballettstar und hatte am selben Abend noch eine Aufführung an der Universität.

Nachdem er sich beruhigt hatte, versuchte er ein paar einfache Ballettbewegungen. Schließlich setzte er sich hin, ohne die geringste Ahnung zu haben, was er tun sollte. Ich hatte nicht gewußt, daß er am Abend einen Auftritt hatte, sonst hätte ich nicht seine gesamte Balance verändert. Ich hätte das ausgeglichen, was vorhanden war. Jetzt mußten wir mit dem arbeiten, was übriggeblieben war.

Ich schlug ihm vor, nach Hause zu gehen und sich die nächsten drei Stunden seinen Auftritt im Kopf vorzustellen. Wir hatten früher schon einmal Feldenkrais-Arbeit zusammen gemacht und er meinte, das zu schaffen. Ich riet ihm, es perfekt, langsam und viele Male zu tun und versicherte ihm, daß er in der Lage sein würde, eine gute Vorstellung zu geben. Ich besorgte Eintrittskarten und ging zur Vorstellung. Ich war mir nicht sicher, was passieren würde.

Sein erster Auftritt verlief gut, es schien, als ob er schweben würde, fast, als ob er in Zeitlupe tanzen würde. Das zweite und alle folgenden Male waren seine Auftritte fehlerlos.

Ich ging nach der Vorstellung in die Gardrobe und fand ihn rundum glücklich wie er die Glückwünsche entgegennahm. Schließlich waren wir allein.

Er erzählte, daß der Direktor zu ihm gekommen war, als er das erste Mal die Bühne verlassen hatte. Er hätte ihm gesagt, seine Bewegungen seien ohne Pep, und gefragt, ob er Drogen genommen hätte. Er erzählte dem Direktor, daß er gerolft worden war. Dann ging er in die Garderobe, um den Rest seines Auftritts in der Vorstellung durchzuspielen – diesmal mit viel Pep. Nach der Vorstellung sagte der Direktor, er hätte gerade seinen besten Auftritt beendet.

# Zen-Körpertherapie

# Dubbing

Nach der Ausbildung mit Moshe begann ich, seine Arbeit und die von Ida zu integrieren. Ich hatte weiterhin Gelenkmanipulation bei Lauren Berry, Triggerpunktarbeit bei John St. John und Tragerarbeit bei Milton Trager gelernt. Auf einen Vorschlag von Jack Swartz hin nannte ich meine Arbeit „Dubbing". Ich entwickelte ein theoretisches Modell, das die Identität von Geist und Körper betont, deren Zeuge ich so oft in meiner Arbeit wurde. Dieses Modell ist in Abb. 2 zusammengefaßt. Es zeigt die holistische Natur des gesamten Prozesses auf, kann aber der Komple-

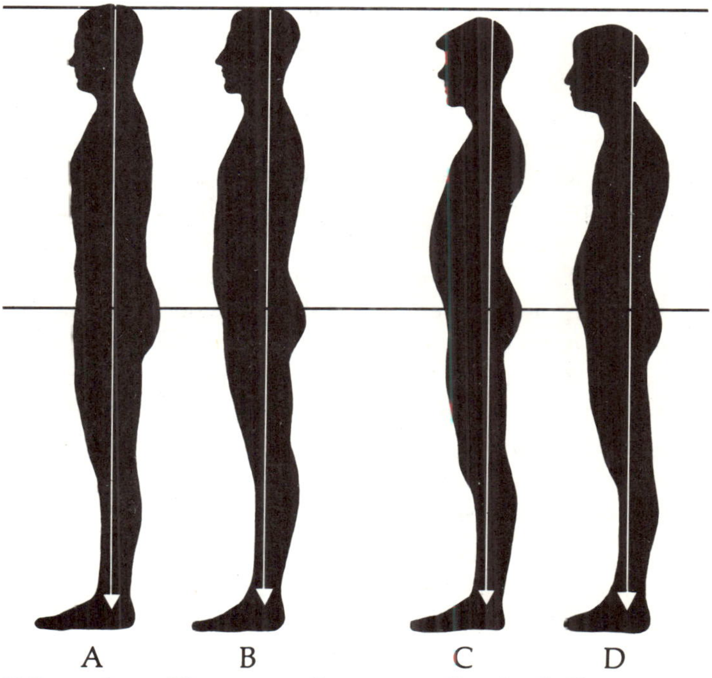


| Haltungsebene | Körpertonus | Bewegung | Emotionale Ebene |
|---|---|---|---|
| **A** Gesund | Ausgeglichen | Anmutig | Enthusiastisch – Zufriedenheit |
| **B** Normal | Steif | Effizient | Langeweile – Opponierend |
| **C** Neurotisch | Rigide | Unbeholfen | Schmerz – versteckte Feindseligkeit |
| **D** Psychotisch | Spastik | Katatonisch | Furcht – Trauer – Apathie |

*Abb. 2*

xität der Veränderung menschlicher Wesen nicht gerecht werden.

Mit Körpertonus bezeichne ich den Tonus des weichen Bindegewebes. Von den drei Typen muskulären Gewebes beachte ich primär die Skelettmuskeln, die die Knochen bewegen. Diese können in antagonistische Paare eingeteilt werden, in Beuger und Strecker. Die Beugemuskeln beugen oder krümmen Gelenke oder den Körper, während die antagonistischen Streckmuskeln sich entspannen und verlängern. Wenn einer der beiden Partner arbeitet und sich verkürzt, muß der andere entspannen und die Bewegung zulassen. Jede andere Aktion stört die gesamte Bewegung. Wenn beide antagonistischen Muskeln zur gleichen Zeit im gleichen Ausmaß arbeiten, folgt daraus eine Spastik. Probleme treten auf, wenn Muskeln dauernd stark angespannt sind, wenn sie nicht genug anspannen, um einen guten Tonus zu erreichen, oder wenn antagonistische Muskeln sich nicht im Gleichgewicht hinsichtlich ihres Tonus befinden. Die Qualität des Muskels oder des Tonus wird an der Längendifferenz zwischen Entspannung und Anspannung eines Muskels gemessen. Diese Differenz bestimmt, wie weit der Muskel den Knochen bewegen kann. Ein Muskel, der entweder zu hart oder zu weich ist, wird kein großes Differential haben. Idealerweise ist der Muskel elastisch. Im entspannten Zustand ist er lang und formbar, im aktiven Zustand ist er verkürzt und hart. Solche Muskeln haben einen guten Tonus. Sie sind abgesättigt mit Sauerstoff und Glukose und frei von überschüssigen Abfallprodukten und Säuren, sowie von alten Traumata und Narben. Die gegenteiligen Bedingungen charakterisieren einen schlechten Körpertonus.

Mit Bewegung bezeichne ich sowohl die inneren Bewegungen des Körpers, als auch die Bewegung des Körpers in seiner äußeren Umgebung. Das Ideal sind die anmutigen Bewegungen eines gesunden Menschen mit ausgeglichenem Muskeltonus. Die Norm ist die relativ ineffiziente Bewegung des durchschnittlichen Menschen. Der katatonische Psychotiker mit spastischen Muskeln weist die größten Einschränkungen in der Bewegung auf.

Mit der emotionalen Wertung schlage ich eine Einteilung der Emotionen in bestimmte Ebenen vor. Ein gesunder Mensch erfährt Glück und Traurigkeit in Beziehung zu den natürlichen Rhythmen des Lebens. Er befindet sich die meiste Zeit in der Nähe eines enthusiastischen und zufriedenen Zustandes und wird sich auf der emotionalen Skala leicht und ohne Anstrengung durch alle Stufen hindurch bewegen, aber immer wieder zu ihrem Ursprung zurückkehren. Der durchschnittliche Mensch hält an Ereignissen fest, bedauert die Vergangenheit und macht sich Sorgen um seine Zukunft. Sein Ausgangspunkt liegt im Bereich zwischen Langeweile und Widerstand. Die neurotische Persönlichkeit schwingt zwischen Schmerz und Feindseligkeit. Sie ist gefangen in den Spannungen ihres Körpers und den Gedankenkreisen ihres Verstandes. Sie kann das Leben nicht wirklich erfahren und nimmt eine feindliche Haltung anderen gegenüber ein. Der Psychotiker ist überwältigt vom Leben. Er versucht dem Terror der Existenz zu entfliehen und findet eine Andeutung von Frieden in seiner Apathie.

Ich beobachtete einmal den dramatischen Aufstieg einer Frau aus dem Gefühl der Wertlosigkeit bis hin zum Glück. Zu Beginn der Sitzung stöhnte und beschwerte sie sich über eine endlose Kette von Fehlern, während ich ihren Körper bearbeitete. In der Mitte der Sitzung veränderte sich ihr Gefühl des vollständigen Versagens hin zur Apathie. Zum Ende der Sitzung wollte ich sie nicht in ihrer Apathie belassen und arbeitete so, daß sie wütend wurde. Nach einiger Zeit hatte ich Erfolg, und sie erzählte mir, wie wütend sie war, während ich sie von meinem Büro zur Treppe begleitete.

Ich wies sie darauf hin, daß sie auf der Skala tatsächlich eine weite Strecke emporgestiegen war, ausgehend vom Punkt des totalen Versagens bis hin zu ihrer jetzigen Wut. Sie verstand, was ich meinte, lachte und kletterte damit noch weiter in Richtung Freude. Sie küßte mich auf die Wange, dankte und verschwand.

Technisch besteht Dubbing im Grunde aus:

1. Bindegewebsarbeit
2. Gelenkmanipulation und
3. Neuprogrammierung des Nervensystems.

Wenn das Bindegewebe hart, fest und zäh ist, sind sicherlich Rolfing und Triggerpunktarbeit angebracht. Wenn sich ein Gelenk nicht mehr in der Pfanne befindet, hilft am schnellsten die Gelenkmanipulation, den Schmerz zu vermindern und die Funktion zu verbessern. Falls eine Bewegung schmerzhaft ist, ohne daß das Bindegewebe oder die Gelenke das Problem darstellen, ist die Neuprogrammierung der neuromuskulären Muster durch die Feldenkraismethode angezeigt. Die beste Behandlung stellt eine Kombination aus allen drei Ansätzen dar. Die erste Aufgabe lautet, den Körper von Schmerzen zu befreien. Dies wird gewöhnlich dadurch erreicht, daß die Traumata, die in Triggerpunkten gespeichert sind, durch Anwendung von Druck gelöst werden. Triggerpunkte sind Orte im Körper, wo Spannungen und Gifte angehäuft wurden. Janet Travell und David Simons, zwei Ärzte, die auf diesem Gebiet Pionierarbeit geleistet haben, definieren Triggerpunkte folgendermaßen:

> Ein Brennpunkt an Übererregbarkeit im Gewebe. Unter Kompression fühlt er sich gespannt an. Ist der Punkt ausreichend hypersensitiv, lassen sich damit zusammenhängende Schmerzen, Spannungen und manchmal Phänomene des autonomen Nervensystems auslösen[1].

Triggerpunkte können sich in weichem Bindegewebe befinden und durch Schmerzen auf einen weiteren Triggerpunkt in entfernter gelegenem Bindegewebe hinweisen. Triggerpunkte können ebenfalls durch Schmerzen auf ein Organ oder von einem Organ ins Bindegewebe weisen. Schmerzen im Bereich eines Triggerpunktes innerhalb eines Organs können auch auf ein anderes Organ hinweisen.

Es wird sowohl dynamischer als auch statischer Druck benutzt, um Triggerpunkte zu entlasten, wobei es in der Anwendung unendlich viele Variationen gibt. Wieviel Druck und wieviel Bewegung, in welche Richtung und für wie lange? Der Körpertherapeut muß in der Lage sein, das, was er tut, innerhalb eines Augenblicks so zu verändern, daß es den einzigartigen Bedürfnissen des Körpers vor ihm gerecht wird.

Wenn das Gewebe weich und relativ frei von gespeicherten Traumata ist, können Gelenke repositioniert und die Körperstruktur wieder ins Lot gebracht werden. Aber noch mehr profitiert der Klient, wenn er eine funktionale Bewußtheit über die Veränderungen erlangt, die während der Arbeit am Körper auftreten. So wie seine Bewußtheit für seinen Körper und dessen Anordnung unter dem Einfluß der Schwerkraft wächst, wird er die Veränderungen in seine gewohnte Haltung integrieren. Die Verbesserungen breiten sich in den inneren und äußeren Bewegungen seines Körpers aus. Sein ganzes Leben wird reicher. Er erlangt einen hohen Grad an Wohlbefinden. Wenn ich mit jemandem arbeite, sorge ich dafür, daß er die Verantwortung für sein Problem übernimmt. Wenn ein Mensch Schmerzen hat, aus dem Lot geraten ist und sich nicht mühelos bewegen kann, was auch immer sein Problem sein mag, kann er sich nicht einfach auf den Rücken legen und erwarten, repariert zu werden, ohne aktiv am Heilungsprozeß beteiligt zu sein. Sein Schmerz resultiert aus den Abweichungen und Verspannungen, und er hat die Chance, etwas daran zu ändern. Ob er sein Problem behalten oder ob er nur bestimmte Symptome aufgeben möchte, ich werde ihn unterstützen, wie immer er sich entscheidet.

Ich erkläre den Klienten, daß sie die vollkommene Kontrolle über die Arbeit haben, die wir zusammen tun. Sie können mich bitten, aufzuhören oder mit weniger Druck zu arbeiten, und ich werde es tun. Falls in einer Sitzung schmerzhafte Gefühle auftreten, versichere ich meinen Klienten, daß sie mit allem umgehen können, was auch immer bei ihnen an die Oberfläche tritt, ansonsten würden sie es nicht auftauchen lassen. Ich verspreche, physisch mit ihnen in Kontakt zu bleiben und ihnen meine Unterstützung zu geben, während sie ihre Traumata loslassen. Manchmal bitte ich sie sogar, das traumatische Ereignis wieder und wieder zu durchleben, bis die emotionale Intensität verschwindet. Wenn bei den Klienten nicht das Bedürfnis besteht, ihre Geschichte zu erzählen, ziehe ich es vor, sie nicht zu hören. Wenn ein Klient durch ein Trauma hindurchgeht, ist er sehr eindrucksvoll verändert. Gesicht und Stimme sind weich und klar. Die Liebe für sich selbst und für andere wächst. Es ist eine Freude, Menschen auf diese Art und Weise zu dienen. Nun folgen die Geschichten von einigen Menschen, mit denen ich Gelegenheit hatte, in diesem Abschnitt meines Lebens zu arbeiten.

Das Telefon klingelte. Es war Loretta Berry aus Redding. Sie erzählte, daß es Lauren nicht gut ginge und er die ganze Zeit schlafen wolle und dauernd grantig sei. Sie bat mich zu kommen.

Am selben Nachmittag fand ich Lauren schlafend auf seinem Sofa vor. Ich schob meine Hände unter seinen Nacken und begann langsam und weich seinen harten Nacken zu massieren. Er wachte auf, schaute mich an und lächelte. Ich sagte: „Ich liebe dich, Lauren." Er legte seine Hände auf meine, und ich fuhr mit meiner Arbeit fort. Nach dem Nacken schob ich meine Hände unter seinen Rücken und arbeitete an den großen Rückenmuskeln, um sie zu entspannen. Dann bat ich ihn, sich umzudrehen, damit ich die Muskeln auf der anderen Seite des Brustkorbs bearbeiten könnte. Sowie sich die großen Streckermuskeln entspannten und sich ihr Tonus wieder normalisierte, entspannte sich auch Laurens Gesicht.

Da er sich um seine Querachse gedreht hatte, konnte ich jetzt an seinen Füßen arbeiten. Sie glichen seinem Nacken und waren hart und steif, veränderten sich aber rasch. Als ich begann die Fußsohlen zu bearbeiten, entdeckte ich einige sehr heiße Reflexpunkte in dem Gebiet, das der Hirnanhangdrüse zugeordnet wird. Als ich in dieses Areal seiner Zehen drückte, konnte Lauren mit den massiven Schmerzen nicht umgehen und zog seinen Fuß weg.

Nachdem ich die Stunde abgeschlossen hatte, erzählte ich Loretta, was ich gefunden hatte und wir entschieden uns, einen mit Lauren befreundeten Arzt in der Nähe von Palo Alto anzurufen. Der Arzt sprach mit Lauren und Loretta und beorderte uns dann in ein Krankenhaus nach Santa Rosa, wo Lauren eine Computertomographie des Gehirns machen lassen sollte.

Am nächsten Morgen, nach der Röntgenuntersuchung, teilte der Arzt Loretta mit, daß sie sieben Tumore in Laurens Gehirn gefunden hätten. Ich fuhr Lauren und Loretta zurück nach Redding, wo Lauren wenige Wochen später starb.

Lauren Berry war der beste Körpermechaniker, den ich je getroffen habe. Er schien in der Lage zu sein, jegliche mechanische Körperprobleme lösen zu können. Ich ehre Lauren, als ein ungezähmtes Genie und einen großartigen Lehrer.

## *Das 48-Stunden-Schmerzsyndrom*

Seine neue Freundin half ihm die Treppen hinauf. Sein Rücken war so schmerzhaft, daß er Minuten brauchte, um sich auf meinen Stuhl zu setzen. Die langen Streckmuskeln waren spastisch und die Wirbelsäule stark verdreht. Er erzählte, daß er zwei Tage zuvor ein Buch aufgehoben hätte, was den Schmerz verursachte. Er war Therapeut, und wir hatten zusammen Ron Hubbards Theorie studiert, wonach immer ein realer oder eingebildeter Verlust achtundvierzig Stunden vor dem Auftreten von Schmerzen, die nicht mit einem physischen Trauma in Verbindung gebracht werden können, liegt. Ich stichelte ihn, wie er das hätte vergessen können. Aber er sagte, daß er gesucht und gesucht hätte ohne einen Grund zu finden. Ich bat ihn, es weiter zu prüfen und ging an die Arbeit, die spastischen Muskeln Stück um Stück zu entspannen.

Plötzlich leuchtete das Gesicht seiner Freundin auf, und sie platzte heraus: „Verdammt, das war der Tag, an dem du den Brief bekommen hast, daß deine Scheidung vollzogen sei." Die Spastik verschwand langsam. Er schüttelte meine Hand und ich habe ihn bisher nicht wieder gesehen, außer im Fernsehen und in Zeitungen, wenn er seine Arbeit über die Entwicklung des menschlichen Potentials vorstellt.

## *Noch ein 48-Stunden-Schmerzsyndrom*

Eine Dozentin der Stanford University rief an und sagte, daß sie auf dem Boden läge und nicht mehr hochkäme. Sie wolle sofort einen Termin. Ich sagte ihr, daß ich frühestens am Nachmittag des nächsten Tages Zeit für sie haben würde und fragte, was passiert sei. Sie erzählte mir, daß sie einen Bleistift aufgehoben habe, als ihr Rücken seinen Dienst aufgab. Ich empfahl ihr ein paar Bewegungen, die den Schmerz lindern konnten, dann bat ich sie, sich zu erinnern, ob in den achtundvierzig Stunden, die dem Schmerz vorausgegangen waren, sie einen tatsächlichen oder eingebildeten Verlust erlitten habe.

Sie konnte sich an nichts erinnern. Ich erklärte ihr, daß wenn sie einen solchen Verlust oder solch ein Trauma finden könnte und es vollständig durchlebe, der Rücken wahrscheinlich besser werden würde. Sie willigte ein weiter danach zu suchen, und wir verabredeten eine Stunde für den folgenden Nachmittag.

Am nächsten Morgen rief sie an und berichtete glücklich, daß der Schmerz verschwunden sei. Ihre Kinder hatten ein ganzes Paket Waschmittel in die Waschmaschine geschüttet, worauf diese übergeflossen war und der Motor durchbrannte. Sie sagte ihren Termin ab, und wir begegneten uns nie.

## *Arbeite mit den Streckmuskeln und verändere dadurch deine Gedanken*

Ich fuhr auf dem Highway 91, und Tränen liefen über mein Gesicht. Meine Hände krampften sich ums Steuer. Mein Körper krümmte sich, als ich meine Hände am Lenkrad aufeinanderlegte. Mein Körper schauderte und Wellen der Niedergeschlagenheit stiegen aus jeder Zelle meines Körpers auf. Ich betrachtete, was vor sich ging und sagte mir: „Ich will das nicht! Ich will sterben und das alles hinter mir lassen!" Dann traf es mich wie ein Blitz. Ich mußte gar nicht sterben, um das alles hinter mir zu lassen. Ich erinnerte mich daran, daß die Streckmuskeln des Körpers die Ebene unseres Seins verändern können. Wenn die Beuger sich entspannen und verlängern, während die Streckmuskeln Tonus gewinnen und der Körper aufgerichtet und gestreckt wird, werden meine Gedanken positiver und ich werde mich besser fühlen.

Also begann ich, meine Wirbelsäule zu verlängern und aufzurichten und schob meinen Kopf in Richtung Autodach, streckte und verlängerte meine Arme, Beine und Finger und stellte mir vor, länger, größer und weicher zu werden. Dreißig Meilen weiter pfiff ich meine eigene Musik und begleitete mich dabei mit Fußstampfen.

## *Die lahme rechte Seite*

Sie erzählte, daß die medizinische Welt ihrem Problem keinen Namen geben könnte. Sie berichtete, daß es weder Multiple Sklerose noch ein Schlaganfall sei. Ein anderer Therapeut brachte sie zu mir. Er wußte nicht, was er tun sollte und mir erging es ebenso. Ihre rechte Seite war schwächer und kürzer als ihre linke. Sogar ihr rechtes Auge schielte ein bißchen. Dieser Zustand hatte sich vor ein paar Jahren entwickelt und wurde mit jedem Monat schlechter.

Ich bearbeitete ihren Nacken, um uns beide ins Hier und Jetzt zu bringen und Vertrauen zu entwickeln. Dann legte ich meine rechte Hand auf ihren Nabel. Das Gebiet zwischen den Rippen und dem Becken war ungewöhnlich hart. Ich bearbeitete das oberflächliche Gewebe, und in dem Maße, wie sie sich entspannte, ging ich tiefer. Meine Hände bearbeiteten dieses Gebiet zwei Stunden lang, und sie fanden dabei Muskelstränge, -gürtel und -schichten, die unter der sanften Behandlung verschwanden.

Schließlich gelangte ich zum Iliopsoasmuskel im Beckenbereich und fand den rechten Muskel sehr viel fester und sehniger als den linken. Nachdem ich die rechte Seite bearbeitet hatte, bat ich die Frau umherzugehen und herauszufinden, was passiert war. Sie ging zum anderen Ende des Zimmers und wie sie zurückkam, sagte sie: „Jetzt ist die rechte Seite stärker und besser als die linke." Ich traute meinen Augen nicht. Ihre Symptome waren verschwunden. Sogar ihr rechtes Auge schielte nicht länger.

## *Die Hammerzehen*

Eine Frau, die nur an ihrem linken Fuß sehr schlimme Hammerzehen hatte, konnte weder Rolfing noch die Feldenkraismethode ertragen. Dagegen bewährten sich diese Manipulationen an den rechten Zehen gut. Wir beendeten die Sitzung also mit einer Reihe Hammerzehen und einer Reihe weicher, langer, beweglicher Zehen. Da sie das „Emotio-Meter" benutzen konnte, um Traumata zu klären, schlug ich ihr genau das vor.

Das „Emotio-Meter" mißt die Reaktion des Menschen auf emotional belastete Dinge. Die Leitfähigkeit des Körpers für Elektrizität zeigt an, wann immer eine Person unangenehme oder schmerzhafte Gedanken oder Gefühle vermeidet.

Nachdem wir eine Weile gearbeitet hatten, durchlebte sie schmerzhaft, wie sie sich in der Ballettschule auf ihre linken Zehen gestellt hatte. Sie schrie und ließ schließlich die Erinnerung gehen. Dann tauchte ein noch früherer Vorfall mit ihrer Mutter auf und schließlich noch einer mit ihrem Vater. Dabei weinte sie am meisten. Während des ganzen Vorganges beobachtete ich das Meßinstrument und bearbeitete sanft ihre Zehen, so wie Moshe meine bearbeitet hatte.

Nachdem sie den Vorfall mit ihrem Vater aufgearbeitet hatte und ihre Tränen getrocknet waren, fand sie sich mit zwei Reihen zueinander passender, langer, flacher und weicher Zehen wieder. Keiner von uns beiden konnte glauben, was wir sahen.

## *Eigene Arbeit mit dem „Emotio-Meter"*

Ich dachte: „Das Meßinstrument zeigt, daß ich das Ereignis nicht angehe." Wie der Gedanke durch meinen Kopf ging, fragte der Berater: „Was war das? Wann geschah es? Wie lange dauerte es? Geh zum Anfang und durchleuchte das ganze Ereignis von Anfang bis Ende, und erzähl mir dann, was geschah."

„Ich war im dritten Schuljahr, und es war Pause. Wir spielten Basketball. Ich sprang hoch, um den Ball zu fangen, und jemand zog mir die Füße weg. Ich fiel und schlug mit meinem Hinterkopf auf den Beton. Ich konnte einige Minuten lang nicht aufstehen. Als ich zurück ins Klassenzimmer ging, war mir schwindelig und übel. Der Lehrer forderte mich auf vorzulesen. Die gedruckten Worte flossen zusammen, verschoben sich und waren dann nur noch verschwommen vorhanden. Es gab ein großes Durcheinander beim Lesen und der Lehrer tadelte mich dafür. Ich ließ meinen Kopf hängen und begann zu weinen. Die Bretter des Holzbodens begannen zu wanken. Mir wurde übel. Der Lehrer rief meinen Bruder, er brachte mich nach Hause."

Nachdem ich die Geschichte erzählt hatte, sagte ich dem Berater, daß Vorlesen noch nie meine Stärke gewesen sei. Die gedruckten Worte verschwammen und verschoben sich, und ich stolperte über die einfachsten Worte. Ich kam mir deswegen sehr dumm vor. Er forderte mich auf, meine Augen zu schließen, den Vorfall wieder durchzugehen und ihm zu erzählen, wenn mir irgend etwas Neues dabei auffallen würde. Wir wiederholten das mehrmals, bis ich anfing zu lachen. Es war beim fünften Durchgang.

Der Berater fragte, was geschehen sei, und ich erzählte ihm, daß, während ich halb bewußtlos mit dem Rücken auf dem Betonboden lag, ich weiterkämpfte, um wieder hochzukommen. Ich wollte meinen Cousin, der mir die Beine weggezogen hatte, verprügeln. Ich konnte mich jedoch nicht bewegen und war äußerst wütend auf diesen Cousin. Noch wütender war ich jedoch auf mich, da ich nicht in der Lage war, ihn zu verprügeln.

Während dieser ganzen Jahre hatte ich den Lehrer beschuldigt, mich verletzt zu haben. Tatsächlich war ich jedoch wütend auf mich selbst gewesen. Diese ungelöste Wut brachte mich direkt zurück in die dritte Klasse und die Worte verschwammen vor meinen Augen, sowie ich versuchte laut zu lesen. Ich erkannte diese Wahrheit, und meine Augen und mein Gehirn befreiten sich von den alten, unbrauchbaren Mustern.

## *Sich für's Steckenbleiben entscheiden*

Fast wöchentlich kommt jemand mit einem Körperproblem und sagt, er bräuchte Hilfe. Nirgendwo hätte er bisher Hilfe gefunden. Solche Menschen werden keine Verantwortung für das Lösen ihrer Probleme übernehmen. Sie werden abstreiten, daß sie eine Menge Vorteile durch ihr Problem haben. Solche Klienten haben ihren Therapeuten bereits geschlagen, bevor er angefangen hat. Nichts wird sich verbessern, solange sich nicht ihre Haltung und Wünsche verändert haben.

Ich erinnere mich an einen jungen Mann, der mit starken Rückenschmerzen, auf eine Krücke gestützt, in mein Büro kam. Er konnte sich nur unter großen Anstrengungen bewegen. Ich zog ihm sein Hemd aus und ließ ihn auf einem Stuhl Platz nehmen, da es ein größeres Vorhaben zu sein schien, ihn sich hinlegen zu lassen. Als ich begann, konnte er kaum meine Berührung an seinem Rücken, wo er Narben von zwei Operationen hatte, aushalten. Am Ende der Stunde konnte ich konstanten Druck auf diese Gebiete ausüben, ohne daß er über Schmerzen klagte. Es war deutlich, daß er sich im Vergleich zu seiner Ankunft viel leichter und freier bewegen konnte. Als ich ihn fragte, ob er irgendeine Veränderung spüre, antwortete er: „Nein, es ist genauso wie vor der ersten Operation." Er erzählte mir, daß er eine Versicherungsrente bekäme. Er hätte ein kleines Hobby, das er genoß und er würde von seiner Familie versorgt. Er erzählte mir auch, daß er die schwere Arbeit nicht mochte, bei der er seinen Rücken verletzt hatte. Für mich war klar, daß er mit Schmerzen und Hobby glücklicher war, als mit harter Arbeit und einem gesunden Körper.

## *Das Ende einer fortgesetzten Kindesmißhandlung*

Die zehn Rolfingsitzungen waren vorüber, aber ihr Nacken schmerzte sie nach wie vor. Sie war unzufrieden und ich fühlte mich wie ein Versager. Sie hatte vor ein paar Tage angerufen und ich forderte sie auf zu kommen. Ich würde tun, was immer notwendig wäre, um die Schmerzen zu beseitigen und Beweglichkeit zu ermöglichen. Ihr entstünden dabei keine Kosten.

Kurz bevor ich mit der Arbeit an ihrem Rücken fertig war, begann sie, krampfartig zu schreien. Ihr Vater hatte sie immer auf den Rücken geschlagen. Ihre Mutter konnte nichts tun, außer zuzusehen und zu schreien. Ihr Vater schlug sie, so wie er in seiner Jugend geschlagen worden war. Als das Weinen aufgehört hatte, kam ein neuer, frischer, entspannter Mensch zum Vorschein. Sie erzählte mir, daß sie in der vergangenen Nacht für eine Freundin Babysitter gewesen war und wie sie, als das Baby anfing zu schreien, es schlagen wollte. Sie wollte das Baby umbringen. Sie sagte, daß sie Kinder haben wollte. Es war ihr klar, daß dies so lange nicht sein konnte, wie sie solche Wünsche hegte. Jetzt fühlte sie, daß sie für Kinder sorgen konnte, ohne gezwungen zu sein, ihr eigenes Trauma an sie weiterzugeben.

## *Dubbing geht ins College*

Die Namen von zwölf Studenten, die an dem Experiment teilnehmen sollten, wurden zufällig ausgewählt. Die Studenten erhielten zehn Einzelstunden Körperarbeit und zwanzig Gruppenstunden meiner Bewußtheit- und Bewegungsübungen.

Jeweils vor und nach dem Experiment nahmen alle Teilnehmer am FIRO-B und am FIRO-F-Test teil und führten Tagebuch über ihre Gefühle und die Veränderungen in ihren Körpern. Der FIRO-B und der FIRO-F-Test wurden von Will Schutz, dem Autor von „Here comes everybody“, „The interpersonal underworld“ und zahlreichen anderen Büchern, entwickelt. Sie messen die Fähigkeit einer Person und ihren Wunsch, mit anderen zu kommunizieren und zusammenzusein.

Nach der Analyse der Daten schrieb Schutz folgende Zusammenfassung:

> Zu Beginn wurden in der Gruppe der zwölf Teilnehmer ein sehr geringer Wunsch nach menschlichem Kontakt (Inklusion) und wenig Vertrautheit beobachtet. Es wurde ein starker Wunsch beobachtet,

der bisher stärkste, der jemals für eine Gruppe gemessen wurde, gesagt zu bekommen, was man tun soll (gewollte Kontrolle). Am Ende des Experiments hatte die Gruppe mittlere Werte bzgl. dieser Bereiche erreicht. Die Teilnehmer steigerten ihren Wunsch nach Kontakt und Zuneigung sowie nach dem Ausdruck von Zuneigung und zeigten geringere Werte im Bereich „gewollte Kontrolle". Alle Veränderungen waren nicht nur konstant und signifikant, sondern auch sehr ausgeprägt. Der Wunsch, von anderen als kompetent angesehen zu werden, nahm ebenfalls signifikant ab.

Das Bild zeigt Menschen, die jetzt selbst ihr Leben kontrollieren wollen, und die ein wachsendes Bedürfnis nach sozialen Interaktionen und nach Vertrautheit haben. Gut gemacht, Dub.

Es folgen die Aufzeichnungen zweier Studenten dieser Gruppe:

*E's siebte Stunde*

Meine siebte Stunde war unglaublich. Es war, als ob sich mein ganzes Leben vor meinen Augen auf einer Leinwand abspielte. Ich erinnere verschiedene Dinge, die sehr stark mit meiner Sexualität und mit meinem Umgang mit meinem Vater verbunden waren. Seit dieser Stunde begann ich, mich besser mit meinem Vater zu verstehen und genoß es viel mehr, mit ihm zusammen zu sein. Ich habe eine Menge Dinge loslassen können, von denen ich nicht wußte, daß ich sie ihm vorwarf. Außerdem wurde ich mir sehr viel klarer über meine Sexualität. Ich erlebe mich nicht länger zur Homosexualität gezwungen, sondern merke, daß ich eine Wahl habe. Ich fühle, ich verstehe sehr viel mehr, warum ich homosexuell sein wollte. Ich weiß nicht, ob ich ausschließlich homosexuell oder heterosexuell oder eine Kombination aus beidem oder sonst etwas sein oder werden will. Ich weiß, daß, für welches Geschlecht auch immer ich mich in einer Beziehung entscheiden werde, Gründe dafür ausschlaggebend sein werden, die jenseits der Sexualität liegen. Wenn es ein Mann ist, dann ist es ein Mann, und ist es eine Frau, dann ist es eine Frau. Ich meine, daß ich gelernt habe, daß man nicht viel bekommen kann, ohne offen zu sein, nicht nur offen in bezug auf körperliche Sexualität, sondern mit seiner Seele, seinem Herzen, seinen Gefühlen, seinem eigentlichen Sein. Ich dachte, daß ich offen war, aber in Wirklichkeit war ich verletzlich. Ich lerne, offen zu sein. Manchmal schmerzt es und manchmal ist es so liebevoll, wie es nur sein kann. Aber es ist ein Aufbruch zu etwas Besserem, soviel kann ich sagen. Ich möchte mit dir teilen, was ich in der Nacht nach dieser Sitzung schrieb, als ich nach Hause kam.

*Vision 1*

Ich bin acht Jahre alt. Mein bester Freund Ron und ich spielen zusammen. Ich ziehe den Petticoat meiner Schwester an. Ich befestige ihn an meiner Hüfte. Er ist wie ein langes Hemd. Er ist rosa und gekraust. Ich ziehe ihn zum Spielen an und gehe über die Straße. Mein Vater kommt von der Arbeit nach Hause. Er ist verwirrt, beschämt und wütend. Er greift mich an meinem Arm und an meiner Schulter und zieht mich nach Hause, durch die Hintertür zum Mülleimer. Er reißt ihn mir herunter und schmeißt ihn in den Müll, so daß ich nie wieder damit werde spielen können. Es tut mir leid. Ich weine und bettle, daß er den Rock nicht wegwirft. Ich hatte Spaß beim Spielen, so zu tun als ob. Ich verstand nicht, warum er so wütend war. Was hatte ich nur angestellt? Jetzt sehe ich, daß er wahrscheinlich müde und frustriert war. Wir waren sehr arm, und er arbeitete sehr hart. Gewöhnlich kam er nach Hause, hielt mich in seinen Armen und nannte mich Sonnenschein. Ich war sein „Sohnenschein". Ich liebte ihn so sehr und weine jetzt. Es tut mir leid, daß ich dir dies die ganzen Jahre vorgeworfen habe. Ich werde versuchen, es loszulassen. Ich bin ein Mann, Vater. Er liebt mich, ich weiß das. Es tut mir leid, es tut mir leid. Ich sagte während der Sitzung, es tut mir leid. Dub mißversteht das. Ich rede nicht mit ihm, ich rede mit meinem Vater.

*Vision 2*

Dub arbeitet mit seinem Finger in meinem Mund. Es fühlt sich an, als ob ich gleich würgen müßte. Dub hört auf, fängt wieder an. Ich schaue hoch. Sein Finger ist kein Finger, sondern ein Penis, der in meinem Mund steckt. Ich will meine Augen schließen, aber ich halte sie offen. Ein Teil von mir sagt: „Was willst du nicht sehen?" Ich fühle mich geängstigt, erschreckt, aufgeregt. Ich erinnere mich an meine erste homosexuelle Erfahrung. Ich bin in der Senior-Highschool. Es ist der Tag, an dem das Klassenfoto gemacht wird. Ich gehe in ein schmutziges Männerklo in einem Supermarkt in der Stadt. Ich sitze in meiner Kabine und jemand sitzt in der Kabine neben mir.

Ich verlasse meine Kabine und gehe in seine. Er sitzt da und spielt mit sich, ein unattraktiver, rotgesichtiger Mann. Er saugt mich. Ich zittere wie Espenlaub. Er versucht, nett zu sein und fragt, ob es mein erstes Mal sei. Ich sage leise ja. Er lächelt und antwortet, mach dir keine Sorgen, es wird leichter. Ich verschwinde auf der Stelle und sitze in meinem Auto und denke: „Nie, nie wieder." Aber ich weiß, ich wußte damals, daß es wieder und wieder geschehen würde.

*N's achte Sitzung*

Nach der Sitzung stand ich auf und Dub fragte mich, wie ich mich fühle. Unter Tränen sagte ich: „Ich bin in der Mitte einer Wolke." Er sagte: „Leg dich wieder hin" und dann bearbeitete er sanft meinen Nacken. An einer Stelle ging er für ein paar Minuten nach draußen und ich war mir nur vage seines Wiederkommens und seiner Berührung bewußt. Ich spürte seine Liebe für mich und meine Liebe für ihn.

Nach einiger Zeit sah ich plötzlich sehr klar ein Quadrat braunen Bodens. Ich sah die Maserung des Holzes, eine Stelle, an der das Holz gesplittert und gebrochen war und dann, als ich umherschaute, sah ich den ganzen Boden. Ich wußte, wo ich war. Im Wohnzimmer unseres rotgestrichenen Hauses. Ich sah den braunen, neu bezogenen Sessel meines Vaters, einen dunklen Koffer, einen Arm (den meines Vaters), der Kleider in den Koffer warf, und ich sah mich selbst, zehneinhalb Jahre alt, wie ich die Kleider in der Reihenfolge wieder herausnahm, in der er sie hineingeworfen hatte. Ich wollte laut schreien, aber statt dessen faltete ich sorgfältig die Kleidungsstücke.

Jetzt war ich in der Küche. Ich fühlte meine Angst, daß mein Vater für immer weggehen würde. Der Raum füllte sich mit dieser Angst. Die weiße Theke in der Küche, der blaugrüne Küchentisch und der Holzherd, alles kam zurück, zusammen mit der Atmosphäre, die dieser Raum für mich ausstrahlte. Dieser Tag, der 10. Dezember 1953, kam nicht aus dem Nichts. Er hatte sich mindestens seit der Ankunft meiner Großmutter im August langsam angekündigt. Dieses schreckliche, angespannte, schmerzhafte Gefühl in jener Küche. Tag um Tag Streß, Anspannung, Mißtrauen, die stille Unterdrückung meiner Mutter, Fragmente von Unterhaltungen, die alles, was zwischen beiden hätte gesagt werden müssen, unausgesprochen ließen.

Bevor ich das Bewußtsein verlor, kam Dub herein und legte seine Hand sehr entschlossen auf meinen Nabel, bis ich wieder zurück in die Gegenwart, in diesen Raum kam. Dann, nach einiger Zeit, war es vorbei. Ich fühlte mich sehr leicht und gereinigt und bemerkte den schrecklichen Gestank im Raum.

## *Alvin*

Das Telefon klingelte. Es war Alvins Sohn. Er sagte, daß sein Vater mit einem Herzanfall im Krankenhaus läge und nach mir gefragt hätte. Meine Freundin Audrey war bei mir und fuhr mich hin. Als ich im Wagen saß, rätselte ich, ob mein dreistündiger Workshop vom vergangenen Tag ein begünstigender Faktor für Alvins Herzanfall gewesen sein konnte. Er hatte mit der Organisatorin des Workshops Kontakt aufgenommen, ihr seine Blutdruckprobleme geschildert und gefragt, ob der Workshop das Problem lösen würde. Als die Frage an mich weitergeleitet wurde, antwortete ich, daß ich mir nicht vorstellen könne, wie der Workshop sein Problem verschlimmern könnte, und daß er ihm zuträglich sein würde.

Alvin war Anwalt, was ich in meine Entscheidung einbezog. Ich hatte gerade einen zehn Jahre dauernden Immobilienprozeß gegen einen Anwalt verloren, was mich über $ 200 000 gekostet hatte. Audrey, die ebenfalls im Workshop gewesen war, versuchte mich zu beruhigen und sagte, daß ich nicht beschuldigt werden könnte. Ich sagte zu Audrey, daß ich nicht verstehen könne, warum Alvin mich sehen wollte. Ich hatte ihn doch gerade erst getroffen. Doch ohne viel Zeit gehabt zu haben, ihn kennenzulernen, fühlte ich eine große Zuneigung zu ihm. Aber wenn ich keinen Fehler gemacht hatte, warum wollte er mich dann sehen? Audrey sagte, daß Alvin mich einfach noch einmal sehen und erleben wollte. Ich konnte das überhaupt nicht verstehen. Wir hatten lediglich drei Stunden zusammen mit weiteren zwanzig Leuten verbracht.

Ich erinnerte mich, wie ich mich für diesen Workshop vorbereitet hatte, wie ich durch viele „Bewußtheit durch Bewegung"-Übungen gegangen war und drei ausgewählt hatte. Dann, nachdem ich so viel Zeit damit verbracht hatte, die Stunden auszuwählen, wurde mir klar, daß die Stunden nicht die entscheidenden Dinge sind. Das Wichtige ist der Prozeß, Moshes Lernen wie man lernt. Nach ausgedehntem Lesen fühlte ich mich darauf vorbereitet, den Prozeß zu unterrichten. Dann realisierte ich, daß weder die Stunden noch der Prozeß einen guten Workshop ausmachen. Wichtig war, wer ich war und was ich war. Wichtig war, das zu zeigen und mit allen zu teilen, so daß sie fühlen, sehen und genießen konnten, wer sie selbst wirklich waren. Das war es, was ich tun wollte. Mit diesen Gedanken legte ich alle meine Bücher und Papiere beiseite und ging hinaus zum Ozean und meditierte. Ich ging direkt von dort zum Workshop.

Jetzt, einen Tag später, plante ich, wie wir uns dem Krankenhaus näherten, was ich tun würde. Ich würde Alvins Kopf mit meiner rechten Hand berühren, würde ihn wissen lassen, daß ich ihn liebe. Ich würde ihm sagen, daß er wieder gesund wird. Wir trafen Alvins Ehefrau in der Eingangshalle, und sie sagte, daß die Ärzte keine Besucher wünschten. Sie fragte mich nach meiner Meinung. Ich sagte, was auch immer das Beste für Alvin sei, das wolle auch ich. Sie ging und kam nach ein paar Minuten zurück und sagte, daß Alvin mich sehen wolle.

Er lag im Bett, Schläuche in seiner Nase und seiner Brust. Als ich näherkam, öffnete er die Augen. Ich legte meine linke Hand auf seinen Kopf und während ich es tat, sagte ich zu mir selbst: „Ida würde sagen, es sollte deine rechte Hand sein", aber ich konnte mit meiner rechten Hand nicht so weit hinüberreichen. Ich werde es einfach mit meiner linken Hand erledigen. Als ich seine Stirn berührte, fühlte ich, wie sich mein Gesicht veränderte und mir Tränen in die Augen stiegen. Ich sagte: „Ich liebe dich." Alvin antwortete: „Ja, ich weiß." Seine Stimme war kräftiger als meine. Der Raum füllte sich mit Liebe, und ich sagte, ich gehe, aber ich werde mit dir sein. Tränen liefen über meine Wangen, als ich ging. In der Halle wartete ich, um mich zu sammeln und mich dann Audrey anzuschließen. Alvins Sohn kam den Gang heruntergerannt, dankte mir für mein Kommen und sagte, mein Besuch hätte seinem Vater gutgetan.

Audrey und ich fuhren zum Strand, wo wir entlangspazierten und uns unterhielten. Für Audrey war es klar, daß Alvin, nachdem er im Seminar gewesen war, Kontakt zu seiner Selbstliebe aufgenommen hatte. Er fühlte diese Liebe auch in mir. Ich benötigte viel Zeit in jener Nacht, um all das zu verstehen. Schließlich drang Audreys Botschaft durch: „Dub, man ist immer der letzte, der die Liebe und das Wesen erkennt, das man ist." Ich glaube, darin sind wir alle gleich.

# Tanouye Tenshin Roshi

Alvin brachte mich zum Chozen Ji, dem internationalen Zen-Dojo in Hawaii, um Tanouye Tenshin, den dortigen Zen-Meister zu treffen. Als ich das Gelände des Tempels im Kaliki-Tal betrat, fühlte ich eine ruhige Klarheit. Bei meinem ersten Zusammentreffen mit Tanouye Roshi beeindruckten mich seine strahlenden Augen, sein schlagfertiger Sinn für Humor, seine Schnelligkeit, Lebendigkeit und Offenheit. Er trug blaue Overalls und glich eher einem Arbeiter als einem Zen-Meister. Er strahlte jedoch eine entspannte Konzentration aus, die mich selbst-bewußt werden ließ.

Wir saßen im Speiseraum und unterhielten uns. An einer Stelle des Gesprächs fragte er mich nach meiner Arbeit. Ich erzählte ihm ein bißchen über Ida Rolf und Moshe Feldenkrais und deren Arbeit. Ich erzählte, daß Ida aktiv Yoga betrieben hätte und Moshe Judomeister in Großbritannien gewesen sei und zwei Bücher zu diesem Thema geschrieben hätte. An einer Stelle fragte ich, ob ich kommen könnte, um meinen müden Körper für zwei Wochen auszuruhen. Er antwortete nicht und schien kein Interesse an meinem Bleiben zu haben. Ärgerlich gab ich die Idee auf.

Als wir beim Abschied die Hände schüttelten, überraschte er mich mit der Einladung, für zwei Wochen zu bleiben. Ich fragte, wann ich kommen sollte. Er antwortete: „Komm sobald du kannst, und während ich hier bin, um dich zu unterrichten." In Zen unterrichtet werden – ich wußte nichts darüber. Ich spürte teilweise, daß er ein Meister der Körpertherapie war und er mein neuer Lehrer sein würde.

Als ich zurückgekommen war und Tanouye Roshi mich arbeiten gesehen hatte, sagte er, daß ihm mein Massagesystem gefiele. Er würde mich darin unterrichten, die gleichen Dinge schneller und leichter zu tun. Er sagte, daß er mich lehren würde, Energie zu nutzen. Ich überdachte seine Aussage. In den späten sechziger und frühen siebziger Jahren hatte ich die Heiler, die ich in Esalen getroffen hatte, ausgebuht. Ihr Anspruch, esoterische Energie zu nutzen, erschien mir als eine Entschuldigung für ihren Mangel

*Tanouye Roshi in seiner Kendo-Rüstung*

an Kraft, tiefe Bindegewebsarbeit zu leisten. War das bei Tanouye Roshi anders? Sicherlich, er strahlte Stärke aus, das war keine Frage.

Wir arbeiteten an einer Frau, deren Handgelenk sehr verzogen war. Die Muskeln des Arms hielten die Knochen verzerrt. Ich beschrieb ihm, was ich sah, und er schlug vor, daß ich es in Ordnung bringen sollte. Ich wußte, daß ich die zwei Knochen des Vorderarms repositionieren und voneinander befreien konnte, um dann die Knochen und Muskeln des Handgelenks zu organisieren. Ich rechnete damit, etwa dreißig Minuten zu brauchen. Aber anstatt zu beginnen, drehte ich mich zu Tanouye Roshi um und bat ihn, die Abweichung in Ordnung zu bringen. Er schaute mich abschätzend an, und mit ein paar wenigen Schlägen und einigen schnellen, freundlichen Rucken war er fertig. Er gab mir das Handgelenk zur Begutachtung. Es war frei beweglich und im Lot. Der ganze Prozeß hatte zehn Sekunden gedauert, und die Arbeit war erstklassig.

Moshe und Ida wußten Dinge, die sie nicht unterrichteten, z. B. Nerven zurück in ihre Bahnen zu legen, die Füße für verschiedene Gelenkmanipulationen zu benutzen, den Fluß der Lebensenergie zu erleichtern und so weiter. Diese Techniken sind im Osten schon seit hunderten von Jahren benutzt worden. Ich realisierte dies, als ich erstaunt darüber war, was Tanouye Roshi bei den Klienten, die wir bearbeiteten, sah und tat. Ich fragte ihn, ob er mich lehren würde, dasselbe zu tun. Er sagte, ich solle für einundzwanzig Tage zurückkommen.

Zu Beginn des 21-Tage-Trainings war ich sehr besorgt. Ich war mir nicht sicher, wohin ich geraten würde. Ich hatte gehört, daß Teilnehmer an 21-Tage-Trainings tagelang ohne Schlaf auskommen mußten usw. Ich wußte, daß ich es auf jeden Fall durchstehen wollte. Ich sagte, daß ich es schaffen würde, selbst wenn es mich umbrachte.

Aber es gab eine Sache, worin ich mir sicher war – ich wollte nicht mit überkreuzten Beinen sitzen und Zazen meditieren. Ich wußte, daß meine Beine dies nicht mochten. Ich sagte mir selbst und anderen, daß ich mit dem nächsten Flugzeug nach San Francisco zurückkehren würde, wenn man mich zum Sitzen zwingen würde. Ich fragte also Tanouye Roshi sofort: „Muß ich sitzen?“ Ich erklärte, daß Sitzen mit überkreuzten Beinen nicht gut für die westliche Körperstruktur sei. Ich erklärte, daß das japanische Kniegelenk dicker und die Beine der Japaner kürzer wären, und sie deshalb leichter mit gekreuzten Beinen sitzen könnten. Ich ging noch weiter und erklärte, daß die Japaner wüßten, wo ihre Hüftgelenke wirklich sind – vorne, in Richtung zur Mittellinie des Körpers, während die Menschen der westlichen Länder dächten, daß sie sich an der Außenseite der Hüfte, an der Spitze des großen Trochanters befinden, mehrere Zentimeter vom tatsächlichen Ort der Kugel und Pfanne entfernt.

Tanouye Roshi schien in keiner Weise von meiner Aussage verärgert zu sein und sagte nur: „Nein, nur wenn du es willst.“ Er erzählte mir aber auch, daß Bodhidharma, der Begründer des Zen, ein rotbärtiger, blauäugiger Kaukasier gewesen sei.

Und wer ging mit, als die Zeit zum Sitzen kam – ich. Ich machte alles falsch. Ich litt, litt und litt. Ich kam mit völlig tauben Beinen heraus. Es war schrecklich. Nach dem Sitzen wurde ich in die Bäder geführt und bekam gezeigt, wie ich mich abzureiben und abzuwaschen hatte, um dann in einer kleinen, tiefen Wanne mit heißem, sehr heißem Wasser eingeweicht zu werden. Es fühlte sich wundervoll an. Schließlich kletterte ich heraus und wurde zu meinem Bett geführt. Ich wachte nach siebenstündigem Schlaf erfrischt auf. Von jenem Tag an bin ich jeden morgen für eine halbe Stunde Zazen gesessen, wann immer ich im Dojo war und Sitzen abgehalten wurde. Ich kann immer noch nicht verstehen, wie das alles geschah.

Als ich zum ersten Mal saß, füllten Gedanken von Schmerz meinen Geist. Ständig dachte ich: „Wie lange muß ich diesen Schmerz noch aushalten? Was kann ich tun, um den Schmerz zu verändern und die Zeit zu verkürzen?“ Wie die Wochen vergingen, bemerkte ich, wie mein Atmen nicht nur während des Sitzens tiefer wurde, sondern tiefer und freier im Allgemeinen. Ich hatte mehr Luft, wenn ich Berge hinaufging oder anstrengende Arbeit leistete. Ich bemerkte auch, daß sich meine Haltung verbesserte.

Einige Wochen später, nach einem extrem schmerzhaften Sitzen, kam ich schließlich auf meine Füße und humpelte langsam zur Tür und ging nach draußen. Ich stoppte, erinnerte mich, daß ich mich nicht umgedreht und verbeugt hatte, als ich die Halle verließ. Voll Frustration, Wut und Schmerz drehte ich mich um und schaute zur Leinwand mit Bodhidharmas Portrait. Ich schaute ihm direkt in die Augen und sagte laut vernehmbar: „Ich verneige mich vor dem Buddha in mir, du Hurensohn."

Es ergab sich, daß ich insgesamt einunddreißig Tage im Tempel blieb. Während dieser Zeit wurde ich gelehrt und man zeigte mir, daß das Universum nichts ist als Energiefelder, die sich dauernd verändern und ohne Behinderung ineinander übergehen. Eines Abends nahm mich Tanouye Roshi mit nach draußen, um mit mir auf der Veranda zu sitzen. Wir unterhielten uns über das Magische, das man mit Energie vollbringen kann. Der Wind blies und Bäume und Büsche bewegten sich heftig. Blätter und Abfall flogen herum. Ich machte eine Bemerkung über den starken Wind, als Tanouye Roshi mich bat zu beobachten, was vor sich ging. Er machte eine schnelle Bewegung mit seiner Hand und fragte, ob ich irgend etwas sehen würde. Ich sagte: „Nein, der Wind bläst immer noch. Alles ist wie zuvor." Er bat mich, mich umzuschauen. Dabei realisierte ich, daß es in einem Bereich, ca. drei Meter um uns herum, windstill geworden war. Die Blätter am Boden vor uns lagen ruhig da. Wenige Fuß weiter draußen wirbelten sie herum. Ich sagte: „Du hast eine Energiebarriere um uns gelegt." Er lachte nur.

Dann formte er seine rechte Hand zu einer Tasse und fragte mich, ob ich irgend etwas darin sähe. Ich sah nichts. Er führte eine kurze, schnelle Bewegung mit der Hand aus, so als würde er mir etwas zuwerfen. Ich fühlte, wie mein Kopf zurückgestoßen wurde, als ob er von einem weichen, aber dennoch kraftvollen Gegenstand getroffen worden wäre. Es vergingen einige Minuten, bis mein Kopf wieder in die normale Stellung zurückkehrte. Er sagte, daß er mir ein wenig Energie zugeworfen hätte.

Dann verließ er die Veranda, ging zu einem Hügel, der etwa acht bis zehn Meter entfernt war und stand mir gegenüber. Er fragte, ob ich ihn sehen könne, und ich antwortete: „Ja, ganz klar.“ Dann fragte er: „Was siehst du jetzt?“

„Deine Füße, Arme und Kopf, aber keinen Körper.“

„Und jetzt?“ fragte er.

Ich antwortete: „Ich sehe nur deinen Kopf.“

Er fragte mich wieder, was ich sähe, und ich erzählte ihm, daß ich ihn jetzt so klar wie zuvor sähe. Er kam zurück zur Veranda, und wir saßen ein paar Minuten in der Stille. Dann fragte er mich, welche Farbe die Mauer habe. Ich sagte: „Ein klares Weiß.“ Er bat mich nochmals hinzuschauen. Sie schien gelb zu sein, dann war sie blau. Er bat mich wieder hinzuschauen, und ich sagte, ich könnte die Mauer wegen Nebel, Dampf oder etwas ähnlichem nicht mehr sehen. Er erklärte, daß er ein bißchen Energie zwischen mich und die Mauer gebracht hätte. Dann grinste er und sagte: „Davon bekomme ich Durchfall“ und verschwand in Richtung Toilette.

Bei einer anderen Gelegenheit lernte ich etwas über Energie, während ich an Tanouye Roshis Körper arbeitete. Ich fragte ihn, was ich bearbeiten sollte und er antwortete: „Nacken oder vielleicht die Füße.“ Ich begann am Nacken. Er war an beiden Seiten ein wenig gespannt. Ich drückte am hinteren Schädelrand in Richtung Scheitel. Dies ist immer schmerzhaft, aber Tanouye Roshi zeigte keine Anzeichen von Schmerz oder unangenehmen Gefühlen. Dann sagte er: „Halt es genau da, es geht zu meinem Auge, meinem schlechteren Auge, es verändert sich, wird besser ... da, es ist verschwunden.“ Ich löste meinen Druck. Er hielt seinen Zeigefinger direkt vor seine Nase und sagte kurz darauf: „Es ist besser, viel besser.“ Wir bearbeiteten das Gebiet eine Zeitlang, dann prüfte er beide Augen wieder. Er rief: „Es ist besser als das gute Auge.“ Er schien aufgeregt und vergnügt und sagte, daß es genug für heute sei.

Später am Nachmittag, als ich dachte, daß meine Arbeit für den Tag beendet sei, fragte der Meister: „Willst du noch einen Körper bearbeiten?“

Ich antwortete: „Ja, wen?“

Er lächelte und sagte: „Mich!“

Ich begann an seinen Füßen zu arbeiten, während die Knie gebeugt waren. Der Effekt war aber nur lokal und breitete sich nicht aus. Der Meister bat mich, die Oberseite der Füße bei ausgestreckten Beinen zu bearbeiten. Dies ist dieselbe Position, die benutzt wird, um Lebensenergie in den Körper zu leiten. Ich drückte eines meiner Knie gegen die rechte Fußsohle und preßte dann meine Finger zwischen die Knochen an der Oberseite des Fußes. Er sagte: „Genau da, halte es genau da. Es geht zur Hüfte, zum Becken, jetzt zum Kreuz. Es läßt nach, jetzt mein Nacken, nun mein Ohr, jetzt mein Auge. Mein Auge verändert sich wieder."

Dann arbeiteten wir am linken Fuß, und er berichtete: „Es geht zum Becken, jetzt zum Rücken, jetzt zum Herzen, es verändert sich. Geh, hol Audrey und das Stethoskop."

Der Meister sagte: „Halte die Sohle meiner Füße und sende dein Ki (Lebensenergie) durch den Körper. Laß uns sehen, was passiert. Ja, das ist zehnmal stärker. Bring den Druck auf meinen linken großen Zeh. Der ist direkt mit meinem Herz verbunden."

Audrey hörte ein paar Momente auf seinen Herzschlag und sagte dann: „Es ist jetzt langsamer und klarer." Der Meister bat sie, das Stethoskop über den Teil des Herzens zu legen, der einige Jahre zuvor durch einen Herzanfall geschädigt worden war. Ich sandte weiter Energie durch seine Füße und konzentrierte mich auf den linken großen Zeh. Audrey lauschte. Wieder berichtete sie von Verbesserungen, aber der Klang war nicht mehr scharf und klar wie zuvor. Während ich weiter die Füße hielt, unterhielten wir uns ein paar Minuten. Dann berichtete Audrey, daß die Abweichung fast verschwunden sei.

Dann sagte Tanouye Roshi: „Audrey, geh zu den Lungen. Ich fühle es dort." Wieder berichtete Audrey von einer Verbesserung in der Klarheit des Klangs.

Dann sagte der Meister: „Jetzt ist es in den Rückenmuskeln. Sie werden weicher. Die Stränge verschwinden. Dub, komm und fühle." Ich tat es und fühlte die Veränderungen.

Als ich die Arbeit beendete, setzte sich Tanouye Roshi auf und sagte, daß er sich besser fühle als in den vergangenen sieben

Jahren. Er schien den Prozeß des Alterns und der Zerstörung umgekehrt zu haben!

Wir waren alle drei sehr aufgeregt und fröhlich, als wir uns einige Minuten über das unterhielten, was geschehen war und was wir für die Ursache hielten. Mich interessierte, was ich getan hatte und wieviel der Zen-Meister beigetragen hatte. Er sagte, daß er seine Schwingung auf meine Schwingungsebene reduziert hätte. Dann hätte er mein Ki in seine Füße eingelassen und mit seinem Körper fließen lassen. Er verrichtete einige Übungen, die das Ki in Kreisen durch seine Mitte und andere Körperanteile zirkulieren lassen. Er berichtete, daß die Wärme, die er spürte, durch meine Hände in seinen Körper gekommen war. Wir diskutierten, wie wir das, was wir gelernt hatten, in unserer Arbeit mit Klienten benutzen konnten. Wir wußten, daß wir experimentieren mußten. Wir spürten, daß wir zuerst herausfinden mußten, wie die Kanäle am besten geöffnet werden, so daß die Körper der Klienten mein Ki akzeptieren konnten. Der Meister schlug vor, daß ich zwischen den Knochen der Hände und Füße arbeiten sollte, so wie ich es bei ihm getan hatte. Dann, wenn derjenige schläfrig wurde, sollte ich Ki durch die Füße senden. Ich fragte den Meister, ob er meinte, daß mein Ki zunähme. Er bejahte, und ich fragte, wodurch ich diese Verbesserung erreichte. Er antwortete: „Sind deine Hände warm, während du Zazen sitzt?“

Ich antwortete: „Sehr heiß.“

Ich hatte meine Antwort!

Nachdem mein Aufenthalt beendet war, kehrte ich auf's Festland zurück und traf zufällig alte Freunde, mit denen ich viele Jahre zuvor gemeinsam an Gruppen im Esalen-Institut teilgenommen hatte. Mir fiel auf, daß sie sich grundsätzlich nicht viel verändert hatten. Sie waren älter und reifer geworden, sprachen aber immer noch über die verschiedensten Dinge, die sie ausprobiert hatten und wie sie sich selber in Ordnung bringen wollten, indem sie an diesem oder jenem Seminar teilnahmen, um dann anderen wirklich zu helfen. Ich war davon beeindruckt, um wievieles tiefgründiger und geerdeter die Männer, die im Chozen Ji arbeiteten, erschienen. *Anderen dienen* war ihre Übung, und sie hatten einen Grad der Ausbildung erreicht, den es nach

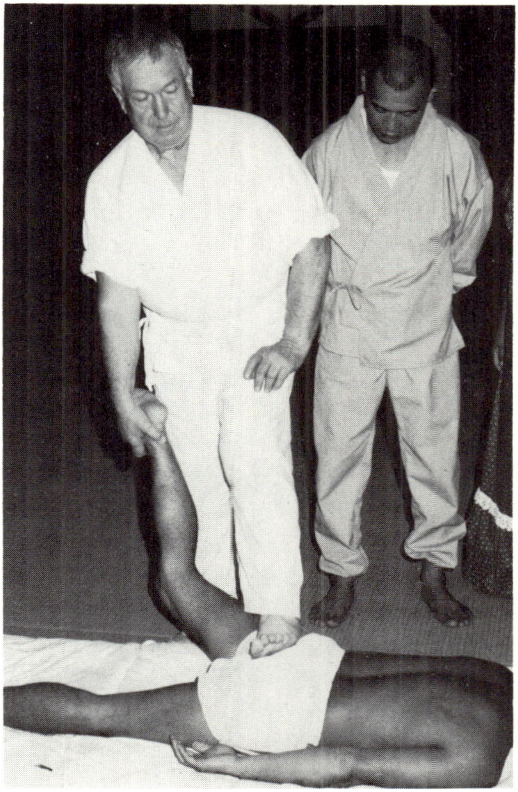

*Der Autor demonstriert Hosokawa Roshi die Zen-Körpertherapie*

meiner Kenntnis nirgendwo sonst gibt. Im Frühjahr 1985 kehrte ich nach Hawaii zurück, um dort zu bleiben.

Unter der Supervision von Tanouye Roshi habe ich die Zen-Körpertherapie entwickelt. In ihr verbinden sich meine Ausbildung und Erfahrung mit Ida, Moshe und anderen mit der östlichen Metaphysiologie der Lebensenergie. Ich war neugierig: „War es möglich, andere darin zu unterrichten?" Tanouye Roshi meinte: „Du weißt, wie lange du gebraucht hast, dahin zu kommen, wo du warst, als du zu mir kamst. Ich habe niemals zuvor jemanden unterrichtet, weil niemand mit dem Grad an Ausbildung, den du hattest, zu mir kam. Es hätte mich Jahre gekostet, sie zu unterrichten. Aber bring mir die richtigen Leute, lasse sie vierundzwanzig Stunden pro Tag einundzwanzig Tage lang im Tempel leben, und ich werde sie ausbilden."

# Lebensenergie

Nach meiner Ausbildung bei Ida Rolf in Struktur und bei Moshe Feldenkrais in Funktion, war die Arbeit mit Tanouye Roshi am Chozen Ji wie ein Aufbaukurs in Realität und im Sinn von Leben und Tod. Nun scheint es klar zu sein: Energie ist alles, was ist, und wir sind eins mit allem, was ist. Mike Sajama schreibt:

> Von Galaxien bis zu Atomen, von Körpern bis zu Gedanken, alle Dinge sind Energiefelder unterschiedlichen Ausmaßes an Dauer, Kraft und Klarheit. Es gibt eine formlose kosmische Energie, die in der Geschichte und den Kulturen unterschiedlich benannt wurde, z. B. Shakti, Chi, Ki, Mana und Geist. Diese Lebensenergie ist die subtilste Manifestation des Weges[1].

Diese Lebensenergie ist die Essenz des Lebens. Sie kann gespürt werden, ist aber nicht explizit. Tanouye Roshi sagte: „Man kann sagen, daß das eigentliche Ziel im Zen-Training darin besteht, Ki zu werden. Dann weißt du, was Tai Chi (die höchste Grenzenlosigkeit) und was Mu (die Leere) ist." Struktur und Funktion des Körpers sind ebenfalls nichts anderes als Energie. Ki zu werden bedeutet, den freien Fluß der Energie in Körpern und zwischen Körpern und dem Universum zu erfahren. Dies ist die Erfahrung der eigenen, ursprünglichen Natur und das größtmögliche Erleben von Wohlbefinden. Störungen im Körpergewebe und den neuromuskulären Funktionen sind Störungen im Energiefluß. Sie sind Energie – eingefroren in alten, schlecht angepaßten Mustern – unterschiedlichen Rigiditätsgrades. Dem Körper Energie zuzuführen, sei es durch physischen Druck auf festes Bindegewebe oder durch Fokussierung der Aufmerksamkeit auf kleinste neuromuskuläre Funktionen, heißt, den Körper von diesen unangepaßten Mustern zu befreien. Die Steigerung der Energie im Körper erlaubt es ihm, sich aus dem Zustand relativer Zufälligkeit zu einer größeren Integration zu bewegen. Weder die Struktur noch die Funktionen noch die Energie des Körpers können verändert werden, ohne die anderen mit zu verändern. Alle drei durchdringen einander und wollen auf die gleiche Stufe der Anordnung und Balance gebracht werden. Auf der höchsten Stufe der Integration wird der Körper eins mit dem Universum.

## *Tao*

Ich verwende den Begriff Metaphysiologie, um damit auf ein Verständnis des Menschen hinzuweisen, das die Körper-Geist- und Organismus-Umwelt-Dichotomie mit der Einführung der Lebensenergie transzendiert. Die Metaphysiologie braucht die Annahme neuer holistischer Kategorien wie Tao, Hara und Kan. Tao oder Weg in der chinesischen Philosophie ist die absolute Realität, die nicht benannt werden kann. Sie ist nicht endlich und kann auch nicht unendlich genannt werden. In ihrer essentiellen Natur ist sie leer und unaussprechbar. Ihre Erfahrung drückt sich für uns am ehesten in den Begriffen einer universellen Lebensenergie aus. Zum Beispiel beschreibt Kaneko Shoseki seine Heilungserfahrung wie folgt:

> Mit Keiraku meine ich diese nicht fühlbaren feinen Verbindungen im Körper, die Knochen, Muskeln, Gehirn, den Darm, die Sinne usw. miteinander und vielleicht alle zusammen mit der primären Lebenskraft verbinden ... Sie sind sozusagen ein Netzwerk von Verbindungen, das den spirituellen, physikalischen Rhythmus der Lebenskraft an alle Teile des Körpers übermittelt...
>
> Übe jeden Tag, lasse alle festen Meinungen und Gefühle gehen, lasse dein ganzes gegenwärtiges Ich los. Wenn du durch lange, ernsthafte Übungen alle Vorurteile verworfen hast, innerlich klar und leer geworden bist, wirst du schrittweise in der Lage sein, die Ausatmung ziemlich lange hinauszuzögern, und du wirst den Atem ruhig im unteren Bauch zurückhalten können. Wenn das geschieht, wird die Anstrengung durch falschen Aufwand nachlassen, die innere Wahrnehmung wird klarer werden und im Tanden, dem spirituellen Zentrum im unteren Bauch, wirst du eine neue Quelle der Stärke, die ursprüngliche Quelle, fühlen, die du niemals zuvor erfahren hast.
>
> Neben der gewöhnlichen Kommunikation unter den Menschen durch Sprache und Handlung gibt es eine weitere, ganz andere Form des gegenseitigen Einflusses. Der Rhythmus der ursprünglichen Kraft durchdringt alle Menschen und die ganze Natur. Durch diese Kraft ist jedes Individuum, so wie es ist, mit jedem anderen im

Geheimen verbunden. Falls jemand, der vom Wirken der primordialen Kraft weiter entfernt ist, einem, der mehr im Einklang mit ihr lebt, nahe kommt, wird der Rhythmus der primordialen Kraft sicherlich vom einen zum anderen übertragen werden[2].

Der große Zen-Meister Hakuin Ekaku beschreibt Selbstwahrnehmung ebenfalls in metaphysiologischen Begriffen:

> Wenn du sie (die Lebensenergie) über die Jahre hinweg destillierst, sie bis zum äußersten schützt und dauernd nährst, dann werden der Elixierofen (der untere Bauchraum) und das ganze Universum eine Masse dieses unermeßlichen zirkulierenden Elixiers. Dann wirst du erwachen und erkennen, daß du selbst ein göttlicher Weiser mit wahrer Unsterblichkeit bist, der nicht geboren wurde, bevor Himmel und Erde geformt waren, und der nicht sterben wird, wenn der leere Raum verschwunden ist[3].

## *Hara*

Hara bezieht sich auf den unteren Rücken, unteren Bauchraum, Pobacken und Hüften, die als Einheit arbeiten. In den japanischen Kampfkünsten kommen alle Bewegungen und alle Kraft aus dem Hara. Grundsätzlich bedeutet die Entwicklung des Hara korrektes Atmen und korrekte Haltung. Im letzten Kapitel, in den Anweisungen zum Zazen, werden Richtlinien für beide und ihre Beziehung zum Hara gegeben. Wenn der Oberkörper sich entspannt und die Kraft ins Hara sinkt, strahlt die Lebensenergie überall hin. Energie steigt die Wirbelsäule empor und der Kopf fühlt sich an, als ob er frei schwebe. Hara ist das spirituelle, ebenso wie das physische Zentrum des menschlichen Wesens. Im Japanischen wird ein gereifter Mensch wörtlich als „Einer, der das Hara erlangt hat", und ein oberflächlicher, leicht erregbarer Mensch als „Jemand, der das Hara nicht erlangt hat" beschrieben. Jackson Morisawa, der Kyudo-(Bogenschießen)-Lehrer am Chozen Ji, schreibt:

> Hara ist der Sitz des Lebens, das Zentrum intrinsischer Energie ... Es wird auch als ein Geisteszustand in der Entwicklung eines jeden Charakters beschrieben. Einer, der sein Hara kontrolliert, verliert nicht so leicht seine Balance oder Gelassenheit... Einer der Hara hat,

verbraucht sich nicht selbst oder gibt sich nicht vollständig hin. Er lernt, sich selbst im Hara zu verankern, kann Störungen des Körpers und Geistes abschütteln und sich schließlich vom Ego befreien. Er wird zur tieferen Kraft des „ursprünglichen Seins" zurückkehren... Der Wille ist ruhig, das Herz leise; man verrichtet seine Arbeit ohne Aufwand.[4]

Unabhängig vom Tätigkeitsbereich kann ein Mensch, der Hara entwickelt, anderen viel kraftvoller Vitalität übertragen als einer, der es nicht tut. In der Körperarbeit erfuhr ich dies kürzlich am Esalen-Institut, als ich Co-Leiter eines Seminars über Zen und Körperarbeit war.

Ich hatte eine Erkältung. Einige mir sehr wichtige Menschen waren schwer krank, und ich hatte mein Bestes getan, um ihnen zu helfen. Drei Tage vor unserem Seminar wurde Dick Price von einem herabstürzenden Fels getötet. Dick Price war Leiter von Esalen und ein enger Freund von mir. Drei Stunden vor Beginn unseres Seminars war ich erschöpft und niedergeschlagen.

Zwei meiner Co-Leiter arbeiteten an mir. Sie trieben ihre Ellenbogen in meinen harten Rücken und in meine Beine. Der Druck war stark, aber der Schmerz fühlte sich gut an. Ich sagte fortwährend zu mir: „Laß los und laß Gott." Es war lächerlich; ich konnte Gott nicht einmal definieren. Trotz meiner Stimmung bemerkte ich, wie irgend etwas anfing zu wirken, wie ich langsam die Spannung und Trauer losließ, die ich im Bindegewebe begraben hatte. Ich schlief fast ein. Dann drehten sie mich auf den Rücken. Einer arbeitete im Nacken, der andere bearbeitete meine Schienbeine und Füße. Danach sandten sie Energie durch meine Füße. Ich war mir dessen undeutlich bewußt. Mir schien es, als ob ich allein sei und mein Körper zitterte. Später erzählte man mir von meinem Schnarchen und daß mein krampfender Körper mehrmals aus dem Bett gefallen sei. Schließlich hörte das Zittern auf. Ich drehte mich um, setzte mich auf und fühlte mich erfrischt. Meine Depression verschwand, und in den folgenden Tagen kehrte meine Lebenslust vollständig zurück.

Keiner dieser Männer war ein professioneller Masseur und ihre Technik war reichlich grob. Die Resultate aber, die sie erreicht hatten, waren die besten, die ich jemals erfahren hatte.

Beide hatten ihr Hara über lange Jahre im Zen und Kampftraining entwickelt. Dies ermöglichte es ihnen, Lebensenergie zu schaffen und zu nutzen, die stärker war als jede, die ich je von anderen zuvor gefühlt habe, ausgenommen Tanouye Roshi.

## *Kan*

Kan ist transzendente Intuition. Es ist ein spontaner kreativer Akt, der nicht durch rationale Prozesse bewirkt wird. Er kann jedes Betätigungsfeld in eine Kunst verwandeln, aber nur, wenn zuvor seine Formen sorgfältig erlernt wurden. Sayama schreibt dazu:

> In der japanischen Kultur wird der kreative Prozeß mit den Begriffen Ki, Kan und Myo (wunderbare Aktion) beschrieben. Tanouye Roshi plante einmal eine Fechtschule unter dem Motto „Ki ga kan o araeba, myo no oto ga deru.“ (Wenn Energie auf Intuition trifft, entsteht ein wunderbarer Klang) zu eröffnen. Ist die Energie ausreichend hoch und klar, vollzieht sich transzendente Intuition, und eine wunderbare Handlung entsteht.[5]

Im Bereich der Körpertherapie kann Kan als die innere Wahrnehmung der Energiemuster und ihrer Verbindung zwischen der Muskulatur und dem Bindegewebe des Körpers beschrieben werden. Diese Wahrnehmung ist sowohl visuelles Sehen als auch viszerales Fühlen. Ich möchte dies verdeutlichen.

Ich arbeitete mit Brian, einem großgewachsenen Mann, der schon einige Zeit gegen seinen Krebs gekämpft hatte. Er kam gebeugt und hinkend vor Schmerz. Mit Schwierigkeiten zog er seine Kleider aus und legte sich hin. Als ich seinen Nacken bearbeitete, fragte ich ihn, wo es schmerzte. Vorn und hinten, antwortete er, und legte dabei seine Hände auf den von Operationen vernarbten Bauch. Ich arbeitete einige Zeit an Nacken, Rücken, Füßen und Unterschenkeln. Zeitweilig ließen die Schmerzen nach, während ich hier und dort arbeitete, aber nichts war von Dauer. Tanouye Roshi kam und ging, betrachtete unsere Arbeit und machte hier und da Vorschläge. Als er dieses Mal hereinkam, wußte ich nicht weiter. Er schlug vor, daß ich mich auf einen Stuhl stellen sollte, um auf den Körper herabzublicken. Dann fragte er, ob ich irgend etwas Ungewöhnliches um das rechte Knie herum sehen könne. Ich sagte, die Farbe um das Knie herum sei dunkler. Er schlug vor, daß ich jenes Gebiet bearbeiten sollte.

Ich grub meine Finger ungefähr fünf bis zehn Zentimeter tief in das Gewebe oberhalb der Kniescheibe. Ich benutzte meine linke Hand, um die rechten Finger tiefer ins Gewebe zu drücken. Nach einigen Sekunden rief mein Klient: „Da ist es! Halt es genau da, da ist es! Der Schmerz auf beiden Seiten, vorne und hinten, verschwindet. Geh ein bißchen weiter." Ich schob meine Finger, ohne im Druck nachzulassen, ein wenig vorwärts. „Jetzt geh ein bißchen zurück." Ich folgte seinen Anweisungen, bis meine Finger streikten. Als ich die blauen, schmerzenden Finger wegzog, rollte er vom Tisch, bewegte sich behende durch den Raum, schattenboxend wie ein Krieger. Er betonte ununterbrochen, wie gut er sich fühle und wie leicht er sich bewegen könne.

Keiner von uns konnte die Veränderung, die wir sahen, glauben. Dies war nach wenigen Minuten Arbeit am richtigen Platz geschehen. Tanouye Roshi meinte, daß das, was geschehen war, nicht erklärbar, sondern Kunst sei.

## *Selbstentwicklung*

Ich glaube, daß der Bereich der Körperarbeit gereift ist und jetzt Anerkennung als Körpertherapie verdient. Es gibt viele Techniken, um altes, trockenes und verklebtes Gewebe wieder in weiches, elastisches, freies Gewebe zu verwandeln. Es ist möglich, Struktur auszubalancieren und wieder ins Lot zu bringen. Man kann alte, ineffektive Bewegungsmuster durch elegante, wünschenswerte ersetzen. Man kann eingefrorenen, schmerzhaften und beengten Gelenken wieder zu geschmeidiger Bewegung verhelfen und noch mehr. Der Bestand an medizinischer Literatur, die diese Arbeit wissenschaftlich unterstützt, wächst. Das Triggerpunkthandbuch von Janet Travell und David Simons beweist dies in eindrucksvoller Weise. Ohne daß Körpertherapie akademische und technische Ausbildung verachten darf, muß die zentrale Bedeutung der Lebensenergie beachtet werden. Dies wird zu der Erkenntnis führen, daß die eigene Entwicklung mit der Kultivierung der eigenen Lebensenergie untrennbar verknüpft ist.

Die eigene Entwicklung fordert ein unnachgiebiges Geist-Körper-Training, das nur wenige vollständig erfüllen können. Aber für die, die sich anhaltend zur Meisterschaft bekennen können, glaube ich, daß Körpertherapie ein Weg zu den höchsten Ebenen der Selbstentwicklung und Selbstverwirklichung sein kann. Körperarbeit und Körpertherapie werden eine Herausforderung und Freude für das ganze Leben sein.

# Zirkulierende Energie

Die Körper, die jeweils aus den Prozessen des Rolfings, der Feldenkrais-Arbeit und der Zen-Körpertherapie hervorgehen, unterscheiden sich deutlich voneinander. Die nach Ida bearbeiteten Körper besitzen eine Leichtigkeit, die mich an einen Stierkämpfer erinnert. Moshes Körper zeichnen sich durch mehr Beweglichkeit aus und erscheinen in fast allen Haltungen fließend. Zen-bearbeitete Körper sind geerdet. Sie scheinen fast unbeweglich gegenüber jeder äußeren Kraft zu sein, bewegen sich dabei aber weich und gleitend. Sie scheinen ihre Verbundenheit mit dem Universum nie zu verlieren. Alle oben genannten, gut bearbeiteten Körper, beherbergen eine Psyche, die emotional reifer und optimistischer ist als die der unbearbeiteten. Sie leben die meiste Zeit in Enthusiasmus, Freudigkeit, mit Interesse und Zufriedenheit. Wenn es angebracht ist, zeigen sie Wut, Angst und Trauer; nur selten, unter ungewöhnlichen Bedingungen, erscheinen Verzweifelung, Ablehnung, Selbstablehnung und Apathie. Falls dies auftritt, nehmen sie rasch den ursprünglichen Zustand wieder ein. Sie verharren nicht in irgendwelchen negativen Gefühlszuständen. Zen-Körpertherapie enthält mehr als eine Dimension. Sie zielt auf die Transzendenz der Dualität und auf das Einswerden mit allem.

Den Körper auf seinen unausweichlichen Tod vorzubereiten ist eine weitere Dimension der Zen-Körpertherapie. Das bedeutet, in das Unbewußte des Menschen hineinzureichen, um emotionale und physische Traumen gehenzulassen. Dies ermöglicht einen glatten Übergang der Lebensenergie in das Danach. Die psychophysische Reinigung der Zen-Körpertherapie erleichtert die natürliche Loslösung der Lebensenergie im Tode und ermöglicht es dem Menschen, sein Leben bis zum Ende voll auszuschöpfen.

Es folgen einige meiner Erfahrungen mit der Ausbildung im Chozen Ji und aus der Arbeit mit Klienten nach dieser neuen Sichtweise.

## *Kampf mit Zazen*

Ich begann die Zazen-Sitzung mit Zählen, tausendeins, tausendzwei, tausenddrei usw. Ich erinnerte mich daran, daß ich so nicht eingewiesen worden war, aber ich dachte: „Wer sind die denn, daß sie mir sagen können, was das beste für mich ist? Vielleicht ist es so weniger schmerzhaft. Kein verdammter Hurensohn wird mir sagen, was ich zu tun habe." Dann dachte ich zurück an die Zeit, als Ida und drei Helfer in meinem Solarplexus den Kommentar: „Kein Hurensohn kann mir sagen, was ich zu tun habe" ausgegraben hatten, und Ida strahlend lachte und meinte: „Dub, das ist der Grund deines Wesens." Ich kehrte zum Sitzen zurück und fokussierte meine Augen auf einen Punkt etwa anderthalb Meter entfernt. Der Gedanke tauchte auf, daß alles, was war, ich war. Alles andere war eine Vereinbarung, eine Vereinbarung von jemand anderem. Jeder stimmte zu, daß jemand wie ich, der in meinem Alter mit Zen begann, große Schmerzen in den Beinen bekommen sollte, wenn er Zazen saß. Wer sind die, daß sie mir sagen, was ich spüren soll. Ich erinnerte mich daran, wie mich dieser Wesenszug ein Vermögen gekostet hatte. Ich hatte mir den besten Berater der Möbelindustrie genommen, um seine Empfehlungen einzuholen. Ich mochte diese Empfehlungen nicht und holte mir Rat bei einem, von dem ich dachte, daß er der Zweitbeste sei. Der sagte mir das gleiche. Ich tat das Gegenteil. Es kostete mich eine Menge Geld. Ich erinnerte mich daran, wie ich Geld verlor, als zwei erfolgreiche Geschäftsleute mir rieten, ein angrenzendes Grundstück zu kaufen und ich zu meiner Frau sagte: „Ich werde nicht zulassen, daß die zwei Vögel mir sagen, was ich zu tun habe." Jetzt dachte ich, daß ich mich vielleicht während dieser ganzen Zeit nur auf diesen Teil meines Lebens vorbereitet hatte. Vielleicht kann ich erkennen, was ich auswähle und andere können dasselbe tun. Es ist sowieso nichts vorhanden. Warum sollte ich nicht keine Schmerzen in meinem Körper haben. Als ich dies dachte, wurde ich mir zum ersten Mal nach langer Zeit des Schmerzes bewußt. Ich sagte zu mir selber: „Schau nur, du schaffst dir deinen eigenen verdammten Schmerz." Wenn ich wähle, keinen

Schmerz zu haben, laß sie nur ihre Vereinbarung einhalten. Ich werde meine einhalten.

Ich bemerkte meine Atmung. Sie war sehr laut. Überraschenderweise schrie niemand, ich solle ruhig sein. Mein Atem war zu rauh und zu hoch. Er saß in meiner Kehle und nicht im Bauch. Ich versuchte ihn hinunterzuzwingen, aber er blieb unter meiner Zunge, im Dach meines Mundes: „Heute stecke ich in meinem Kopf fest." Ich merkte, daß die Meditationszeit fast vorüber war, und ein Blick auf das Brennen der Räucherstäbchen gab mir recht. Die Mönche begannen ihre Abschlußrituale, und ich begann, meine Atemzüge in der Weise zu zählen, wie ich eingewiesen worden war. Als die Mönche die hölzernen Klappen schlugen, um das Ende zu signalisieren, wunderte ich mich, wie kurz und verhältnismäßig schmerzfrei das Sitzen tatsächlich gewesen war. Zum allerersten Mal fühlte ich, daß ich länger Sitzen konnte und wollte. Als ich auf meine Knie ging, um aufzustehen, waren meine Beine immer noch schmerzhaft und ich wartete wie gewöhnlich ein paar Minuten bis zum Aufstehen. Als ich es dann tat, ging es leichter als zuvor. Ich hatte eine neue Ebene erreicht.

## *Sitzen, um die Wirbelsäule zu verlängern*

Beide, Ida und Moshe, hatten unterrichtet, daß jede gute Übung die Wirbelsäule verlängert. So war ich überzeugt, daß, falls diese schmerzhafte Übung irgendwelche guten Ergebnisse produzieren sollte, die Wirbelsäule sich verlängern mußte, was immer die Übung sonst noch bewirkte. Der Sitzende sollte größer und aufrechter werden,während er saß. So bemühte ich mich um die Streckung meiner Wirbelsäule, wenn ich nicht gerade meine Atemzüge zählte, auf meine Schmerzen achtete oder versuchte, ein 180 Grad großes Blickfeld zu erlangen. Meine Wirbelsäule war im Brustkorbbereich zu rund und im Lendenwirbelbereich zu flach geworden. Alter und Schwerkraft hatten ihren Tribut gefordert, hatten die Wirbelsäule verkürzt und zusammengepreßt. Um dies auszugleichen und meine Wirbelsäule in ihrem verzerrten Gleichgewicht zu halten, mußte mein Kopf natürlich zu weit vorne sein. Ich wollte den oberen Anteil der Wirbelsäule abflachen und im unteren Teil eine größere Krümmung erreichen, sowie meinen Kopf zurück über den Körper bringen.

Ich wußte, daß die Strecker und Beuger des Rumpfes sich im Gleichgewicht befinden müssen, um dem Iliopsoasmuskel zusammen mit den inneren Muskeln der Wirbelsäule die Aufrichtung der gesamten Wirbelsäule zu ermöglichen.

Ich erkannte, wie der Psoasmuskel Verbindung zu jedem Querfortsatz und zur Basis eines jeden Wirbels aufnimmt, beginnend unterhalb des Zwerchfells bis hinunter zu den Beckenwirbeln. Eine Kraft, die an diesen beiden Punkten eines Wirbels ansetzt, kann den Winkel zwischen den einzelnen Wirbeln verändern. Diese Aktionen, in Verbindung mit der durch die kleinen intrinsischen Muskeln verursachten hydraulischen Kraft, die entscheidend auf die Kompression des weichen Bandscheibenkerns einwirkt, kann die Wirbelsäule sehr kraftvoll aufrichten.

Diese Muskelaktion wird durch den Atem koordiniert. In der Ausatmung ziehen der Psoasmuskel und die Rückenmuskeln das Becken nach vorn und verschließen den unteren Bauchraum. Die Wirbelsäule wird durch den entstehenden größeren Druck im Gel der Bandscheiben verlängert. Bei der Einatmung entspannen sich der Psoas- und die Rückenmuskeln, die Luft strömt ein und hebt den Brustkorb.

Tanouye Roshi sagt, man solle sich den unteren Bauchraum als Ballon vorstellen. Hältst du ihn in der Mitte fest und quetschst ihn zusammen, wird der Ballon sich in der Länge ausdehnen. Auf diese Weise wird die Wirbelsäule aufgerichtet, wenn der untere Bauchraum zusammengepreßt und die Ausatemluft langsam hinausgedrückt wird und die Lungen vollständig entleert werden. Während dieses Vorgangs knackt und kracht meine Wirbelsäule manchmal wie der Deckel einer Ketchupflasche aus Plastik, wenn man sie fest genug drückt. Die Einatmung scheint ein einfaches Loslassen zu sein, die Luft strömt ein und hebt den Brustkorb zusammen mit der Wirbelsäule. Interessanterweise bewegen sich die Schultern dabei nicht nach oben. Es ist nur die Wirbelsäule, die sich durch den Schultergürtel hindurch aufrichtet, ohne wahrnehmbaren Effekt auf die Schultern. Es ist ein großartiges Gefühl, den Schultergürtel von der Bewegung der Wirbelsäule zu differenzieren. Ich weiß, daß meine Wirbelsäule jetzt mehr Flexibilität und Länge hat. Mir ist bewußt, daß ich mehr Luft ein- und ausatme als zuvor. Ich kann leichter am Boden sitzen und aufstehen und mich hinsetzen, ohne wie ein verwundeter Büffel auszusehen. Ich wog zweihundertfünfundzwanzig Pfund als ich zum ersten Mal ins Chozen Ji kam, jetzt wiege ich zwanzig Pfund weniger. Meine Haltung hat sich verbessert; anstatt meine Hüftgelenke und meine Lendenwirbelsäule zu schädigen, nahm das Sitzen einiges an Druck aus meinen Knien und brachte eine Krümmung in meine flache Lendenwirbelsäule. Meine kinästhetische Wahrnehmung wuchs in dem Maße, wie Zazen die zufälligen Bewegungen eliminierte, die die durchdachte Arbeit des Körpers verschleiern. Das wichtigste jedoch ist, daß Zazen meine Lebensenergie kultivierte und es mir ermöglichte, meine Klienten auf einer tieferen Ebene zu berühren.

## *Die hawaiianische Mystikerin*

Eines Tages brachten Alvin und Audrey eine zerbrechlich wirkende Frau ins Dojo. Sie schien ziemlich krank zu sein und sah verbraucht aus. Ich legte sie auf den Tisch und bearbeitete ihren Körper etwa eine Stunde lang. Ich arbeitete daran, die Triggerpunkte am Nacken, Rücken und Brustkorb zu klären. Sie befand sich ganz im Hier und Jetzt mit mir und löste die Punkte fast so schnell auf, wie ich sie finden konnte.

Tanouye Roshi kam in den Raum. Er hatte jedoch nicht wie gewöhnlich seinen blauen Overall an, sondern trug Zeremonienkleider und hatte einen Zeremonienstock mit einem Schweif langer weißer Haare dabei. Er ging zum Altar und führte verschiedene Rituale durch. Dann kam er an unseren Tisch, machte einige Bewegungen mit dem Stab, bevor er sich an das Fußende des Tisches setzte und der Dame durch ihre Füße Energie sandte. An jenem Morgen war eine übernatürliche Ruhe in der Luft. Wir vier standen in andächtiger Stille am Eingang und betrachteten die Szene. Die Dame fing an, mit einer Männerstimme auf hawaiianisch zu singen.

Dann war es, als ob im Raum starke Lichter angeschaltet worden wären, die den Raum mit ihrer Helligkeit überfluteten. Alvin drehte sich zu mir um und flüsterte: „Diese Sachen mag ich nicht“, und verschwand aus der Tür. Das Licht und das Singen währten noch einige Zeit.

Dann schritt Tanouye Roshi zu ihrem Kopf, führte ein Ritual durch und sprach: „Du bist befreit von deiner Bürde. Du brauchst nicht länger einen Nachfolger zu finden. Du bist frei.“ Später erzählte mir Tanouye Roshi, daß nicht er es gewesen sei, der sprach, sondern daß die Worte einfach zu ihm gekommen wären. Die Frau stand vom Tisch auf. Sie leuchtete wie eine Glühbirne. Sie kam bis auf einige Schritte nah an uns heran, schaute in den offenen Raum und hielt eine Ansprache. Ihre Stimme war laut und kräftig, so als ob sie zu einer großen Menge sprechen würde. Ich erinnere mich, daß die ersten Sätze für mich keinen Sinn machten, und ich dachte, daß die alte Dame übergeschnappt sei. Dann begann das, was sie sagte, für mich Sinn zu machen und ich begann, die Weisheit in ihren Worten über den Geist von Aloha zu fühlen. Ich spürte eine Liebe und Zuneigung für diese Dame und durch sie eine Liebe zur ganzen Menschheit. Ich weinte.

Als sie ihre Rede beendete, dankte sie Tanouye Roshi und ging allein zum Auto. Die Dame war Pilahi Paki, eine der meistgeehrten spirituellen Lehrerinnen und Schamaninnen auf Hawaii. Sie starb wenig später.

Im Frühjahrsplenum 1986 nahm der Gesetzgeber des Staates Hawaii ihre Definition von Aloha als „Arbeitsphilosophie von Hawaii“ an. Pilahi lehrte:

Der „Aloha-Geist" ist das Zusammenwirken von Geist und Herz ... Er ist im Individuum – er bringt Dich zu Dir selbst. Du mußt gute Gefühle zu anderen denken und ausstrahlen.

A – steht für Akahai und bedeutet Freundlichkeit, ausgedrückt mit Weisheit.

L – steht für Lokahi und bedeutet Einheit, ausgedrückt mit Harmonie.

O – steht für Olu'olu und bedeutet Zustimmung, ausgedrückt mit Wohlbefinden.

H – steht für Ha'aha'a und bedeutet Demut, ausgedrückt mit Bescheidenheit.

A – steht für Ahonui und bedeutet Geduld, ausgedrückt mit Beharrlichkeit.

## *Energie durch die Füße senden*

Gewöhnlich wird der Zen-Körpertherapeut Energie in den Klienten senden, während er dessen Füße hält und dieser auf dem Rücken liegt, die Arme längs des Körpers. Eines Tages kam Tanouye Roshi herein, während ich dies versuchte. Er schlug vor, ich sollte versuchen, meine Energie durch die dicken Holzwände des Dojos zu senden. Ich ging zur Wand und drückte ein wenig mit meinen Fingern dagegen. Er fragte, ob ich in der Lage sei, meine Energie durch die Wand zu drücken, und ich antwortete: „Nein." Auf die Frage, wie weit sie reiche, antwortete ich: „Nicht sehr weit." Er kam zu mir, legte seine Hände auf meine und fragte mich, ob sie jetzt über die Wand hinausginge. Ich fühlte, wie meine Energie durch die Wand und weit darüber hinausreichte. Er zog seine Hand weg, und ich spürte das Gefühl unverändert. Er wies mich an, dieses Gefühl immer dann zu erinnern, wenn ich jemandem Energie senden würde.

Am nächsten Morgen kam ein Arzt mit Herzproblemen zum Dojo. Tanouye Roshi sagte, ich solle den linken Arm, die linke Seite des Brustkorbs und das untere Ende des Nackens bearbeiten. Dann verschwand er für den restlichen Morgen. Ich bearbeitete schnell die oben genannten Gebiete und ging dann, da der Meister nicht anwesend war, weiter und hielt nach Gebieten

Ausschau, die möglicherweise den Energiefluß aus seinen Füßen blockierten. Nachdem ich das erledigt hatte, setzte ich mich hin, legte meine Hände über seine Füße und Zehen und versuchte das Gefühl, Energie durch die Wand zu senden, wieder aufleben zu lassen. Es dauerte nicht lange und der Arzt atmete tief und schlief. Zwanzig Minuten lang rührte ich mich nicht aus der Position, während er schlief. Ich war ziemlich verärgert, daß er einschlief, während ich arbeitete. Dann setzte er sich auf und sagte, daß er sich viel besser fühle. Wir gingen beide zurück an unsere Arbeit. Später am Tag kam ich wieder zum Dojo und fand Tanouye Roshi und den Arzt, wie sie sich unterhielten. Der Zen-Meister rief mich dazu und bat den Arzt, seine Geschichte noch einmal zu erzählen. Der Arzt erzählte, daß er, während er scheinbar geschlafen habe, er vollständig wach und aufmerksam gewesen sei. Er hätte Farben gesehen und habe ein großartiges Gefühl von Lebendigkeit und Wohlbefinden verspürt. Nachdem er seine Geschichte beendet hatte, drehte sich Tanouye Roshi zu mir um und sagte: „Das ist das, was sie *samadhi* nennen".

## *Den Atem mit Energie befreien*

Er war ein dicker, fröhlicher Geschäftsmann Anfang 60 mit einer ganzen Serie von Krankenhausaufenthalten wegen Herzproblemen. Mir wurde gesagt, daß er jederzeit sterben könne. Er hatte seit drei oder vier Tagen Schwierigkeiten beim Atmen und kam schnaufend in mein Büro. Jeder Atemzug bedeutete Anstrengung, war ein Kampf. Er zog seine Kleider aus und legte sich auf den Tisch. Im oberen Teil des Brustkorbs war keine Bewegung sichtbar. Ich arbeitete an seinem steifen Nacken und am Hinterkopf. Ich sorgte dafür, daß sich das Blut aus Kopf und Nacken in den Rumpf verschob. Als das geschah, wurde sein Gesicht, das zuvor blau-lila verfärbt war, wieder rosa. Als die Farbe sich veränderte, hoffte ich, daß sein Blutdruck sich senken würde.

Ich ging weiter zum Brustkorb. Unter den Achseln waren auf beiden Seiten viele heiße Triggerpunkte. „Triggerpunkt" ist ein medizinischer Begriff, der einen Ort bezeichnet, an dem Toxine angehäuft wurden. Wird an dieser Stelle Druck ausgeübt, wird dort oder an einem anderen Punkt des Körpers eine Schmerzempfindung ausgelöst. Die Punkte verschwanden nur langsam, nach und nach. Als beide Seiten frei von solchen Punkten waren, wandte ich mich der Vorderseite der Brust zu, ging dann zurück an den Rücken, entspannte die straff gespannten Muskeln und klärte langsam die heißen Triggerpunkte. Während ich den Rücken bearbeitete, arbeitete ich auch an der zwölften Rippe und am oberen Beckenrand. Normalerweise heben sich die Rippen, und die Atmung verbessert sich. In diesem Fall trat jedoch keine nennenswerte Verbesserung ein.

Mittlerweile war eine Stunde vergangen, und ich entschied mich, die Vorgehensweise zu verändern und Energie durch seine Füße zu senden. Nachdem ich die Zehen und Füße mit meinen Händen zehn Minuten lang gehalten hatte, berichtete er, daß er die Energie bis zu den Knien spüren könne. Ich beugte eines seiner Beine, bearbeitete dessen Vorder- und Rückseite. Dann folgte das andere Bein in der gleichen Weise. Ich ging wieder zurück zu den Spalten zwischen den Knochen am Fußrücken und klärte die Triggerpunkte dort.

Wieder saß ich da, hielt mit meinen Händen seine Zehen und Füße und diesmal strömte die Energie durch die Beine und das Becken bis hin zum Brustkorb. Er begann zu Husten und spuckte Schleim aus. Dies geschah immer wieder während der nächsten Stunde. Dabei beschrieb er schöne Farben und Bilder, die denen aus seinen Meditationen glichen. Er fiel immer wieder kurze Zeit in Schlaf, um hustend wieder aufzuwachen. Wie der Schleim sich löste, wurde sein Atem ruhiger, nur seine Nase war immer noch verstopft. Ich beschäftigte mich mit seinen Händen und mit den Spalten zwischen den Knochen auf der Vorder- und Rückseite der rechten Hand, woraufhin sich das rechte Nasenloch öffnete. Nachdem ich auch seine linke Hand bearbeitet hatte, geschah das gleiche mit dem linken Nasenloch. Nach etwa zwei Stunden Arbeit auf dem Tisch, hatte er ein rosafarbenes Gesicht und berichtete, daß er sich gut fühle.

Sie sagte, alles sei verkehrt. Sie hatte Arthritis am ganzen Körper. Sie schwoll an, wann immer sie etwas aß und so weiter und so weiter. Nachdem ich die lange Liste von Beschwerden angehört hatte, fragte ich mich, wie ich mit ihr arbeiten sollte. Anstatt wie gewöhnlich sie zu bitten, sich auszuziehen, nahm ich, ohne darüber nachzudenken, ihre rechte Hand und begann an dem Gelenk zu arbeiten, das am schlimmsten aussah und am meisten schmerzte. Der Schmerz wurde nicht weniger, sondern mehr. Sie berichtete, daß nicht nur ihre Fingergelenke schmerzten, sondern auch ihre Schultern, dann ihr ganzer Arm, dann ihr Nacken. Das Muster veränderte sich fortlaufend und bewegte sich hin und her. Das ganze Theater faszinierte mich und ich wußte, daß ich von dieser Frau etwas lernen konnte.

Ich bat sie, sich bis auf die Unterwäsche auszuziehen und auf den Rücken zu legen. Ich begann an ihrem Nacken zu arbeiten. Er war angespannt, löste sich aber unter meinen Händen. Während ich ihren Nacken bearbeitete, bemerkte ich ein merkwürdiges Bewegungsmuster, das sich durch den gesamten vorderen Rumpf zog. Von allen Seiten zog etwas zur Mitte, als ob ihr Körper sich auf die Hälfte zusammenfalten wollte. Ich berührte die Brustmuskeln, und die Spannung dort bestätigte meine Beobachtung. Als nächstes überprüfte ich ihren Bauch, der groß und ziemlich muskulär verglichen mit dem übrigen Körper war, und es schien, als ob er ebenfalls dabei helfen wollte, den Körper einzufalten.

Ich begann, die Muskeln an der Vorderseite der Brust zu verlängern. Das löste eine Reihe von Krämpfen aus, die aussahen, als ob der Körper sich zusammenfalten wollte. Während dieser Krämpfe waren alle Beugemuskeln der Vorderseite angespannt. Nach einigen Minuten hörte dies auf, und ich gab ihr eine Pause. Danach begann ich wieder, die Ansatzstellen der Muskeln an der Vorderseite der Brust zu bearbeiten, und sie krampfte wieder.

Dieses Mal griff ich mit beiden Händen das Gewebe im Zentrum des Bauches (die Rektus Abdominus-Muskeln) und preßte es so fest, wie ich nur konnte, zusammen. Das Halten dieser Muskeln arbeitete dem Impuls ihres Körpers, sich zu verkürzen und einzufalten, entgegen. Sie versuchte es noch einige Male, gab dann auf, und die Krämpfe hörten auf. Daraufhin bearbeitete ich wieder ihre Brust, und sie begann erneut zu krampfen. Da ich aber immer noch ihre Bauchmuskeln hielt, blieb die Wirkung aus. Noch einige weitere Versuche und meine Arbeit löste keine Krämpfe mehr an ihrem Brustkorb aus. Das Muster war durchbrochen.

Am Rücken fand ich alle Muskeln im Lumbalbereich sehr fest, flach und unbeweglich. Ich verlängerte die Adduktoren an beiden Beinen und den Muskel Rektus Abdominus. Mit beiden Psoasmuskeln verfuhr ich dann genauso. Nun war ihr Becken strukturell in der Lage, sich zu drehen, sowie nach vorn und hinten zu kippen. Sie konnte aber das Becken immer noch nicht bewegen. Ihr Nervensystem verfügte nicht über die Verbindungen, die diese Bewegungen steuern. Ich begann, ihr dabei zu helfen, die notwendige Bewußtheit zu entwickeln, indem ich ihr Becken bewegte, während sie mit ihren Händen der Bewegung nachspürte. Sie benötigte eine Weile, aber schließlich formten sich die neuen Schaltkreise in der grauen Masse ihres Nervensystems. Ich fragte sie, wie ihr Sexualleben sei, und sie antwortete: „Na, ja". Ich fragte, ob das heißen sollte, daß sie keines habe, oder daß es nicht allzu gut sei? Sie antwortete, daß es nicht besonders gut sei. Ich erklärte ihr die Mechanik des Orgasmus sowie die Entspannung, die durch den Orgasmus ausgelöst wird und wie die Muskeln des Beckens daran teilnehmen müssen. Sie ging, fühlte sich leicht, fröhlich und war neugierig, ihr neues Becken auszuprobieren.

Sie kam noch zwei Mal zu Stunden. Das erste Mal erzählte sie, daß ihr Leben und besonders ihr Sexualleben sich verbessert hätten. Beim zweiten Mal sah ich deutlich, daß sich ihre Lebensauffassung und ihre Lebenserfahrung auf einer sehr viel höheren Ebene stabilisiert hatten.

Dies ist ein gutes Beispiel dafür, viele Techniken aber keinen Plan zu verwenden. Ich tat Dinge, die meine alten Lehrer abgelehnt hätten, aber intuitives Arbeiten half mir, die Aufgabe zu lösen. Rolfing hätte ungefähr zehn bis zwanzig Stunden gebraucht, Feldenkrais-Arbeit vielleicht zwanzig bis dreißig Sitzungen. Doch durch eine Rolfing-Technik hier, eine Manipulation der Funktionalen Integration dort und dann eine Improvisation – alles unter dem Prinzip der zirkulierenden Energie – half ich der Frau, sich in bemerkenswert kurzer Zeit zu verändern. Zum Schluß waren ihre Hände und Füße wärmer und ihr Kopf kühler. Blut und Energie flossen freier als zuvor. Anstatt über ihre Beschwerden zu jammern, war sie jetzt in der Lage, ihren Körper und ihr Leben zu genießen.

## *Audrey*

Wann immer jemand zu Tanouye Roshi kommt, um zu lernen, wie man heilen kann, entmutigt er denjenigen, indem er ihm erzählt, daß es ein lebensverkürzender, schmerzhafter, harter, schlecht bezahlter und unangesehener Beruf sei. Nur widerwillig nimmt er Leute an, um sie als Heiler auszubilden. Audrey war jemand, die – trotz aller Entmutigungen – hartnäckig geblieben war.

Ich fühlte mich eines Tages nach der Arbeit krank und bat Audrey, mit mir zu arbeiten, um mich zu reinigen. Sie legte ihre Hände auf meine Brust, und ich begann zu husten. Audreys Körper, besonders ihre Arme und Schultern, schüttelten sich. Dies dauerte ein paar Minuten und hörte dann auf. Sie verschob ihre Hände um einige Zentimeter und das Drama wiederholte sich. Sie fuhr damit fort, bis mein Brustkorb an der Vorderseite abgedeckt war. Nachdem dieser Prozeß, an der Kehle angelangt, beendet war, drehte sie mich auf den Bauch und legte ihre Hände auf den Rücken. Der Effekt war der gleiche. Nachdem auch dieser Bereich gereinigt war, fühlte ich mich ziemlich gut, meine Energie strömte wieder, und meine Müdigkeit war verschwunden. Mein Jammern war einer angenehmen und optimistischen Stimmung gewichen.

Wenig später klagte Audrey über Schmerzen in ihrem Bein. Als ich sie fragte, wo der Schmerz saß, zeigte sie auf den Bereich am oberen Ende der Hüfte (der Bereich der Spina Anterior Superior) bis hinunter zu den Adduktorenmuskeln.

Ich war überrascht und erzählte ihr von einer Klientin, die am selben Tag ihre Gifte bei mir abgeladen hatte. Sie hatte ernste Schwierigkeiten mit ihren Beinen und ging an einer Krücke. Ihr Körper und besonders ihre Beine waren stark mit Giften belastet, obwohl sie erst Ende zwanzig war. Als ich versuchte, ihre Oberschenkel zu bearbeiten, hustete ich, hörte auf, wusch meine Hände und verließ sogar ein- oder zweimal den Raum. Schließlich beendete ich die Stunde und ließ sie ihre Beine ausprobieren. Sie spürte eine Besserung, aber ich sagte ihr, ich könne die Stunde nicht beenden und schlug ihr vor, einen ortsansässigen spirituellen Heiler aufzusuchen. Vielleicht könnte ein Teil des Giftes ausgetrieben werden. Sie stimmte zu und ging. Ich blieb krank und jammernd zurück, bis Audrey mich bearbeitete. Die Arbeit, die sie bei mir anwandte, unterschied sich von der, die ich bei meiner Klientin verwendet hatte. Audrey benutzte ausschließlich Lebensenergie und keinen Druck. Ich benutzte ziemlich viel Druck und natürlich zeitweise auch Lebensenergie, wenn ich meine Bewußtheit in den Druck legte, den ich auf das harte, kurze Bindegewebe der Beine meiner Klientin ausübte.

Vor ungefähr zwei Jahren kehrte ich nach San Francisco zurück und fand eine meiner „kleinen alten Damen"-Klienten leidend vor. Ich rief sie an und fragte, ob ich ein paar unorthodoxe Heiler zu ihr bringen könnte, um mit ihr zu arbeiten. Die Klientin war sehr krank, aber dankbar und glücklich, uns an sich arbeiten zu lassen. Audrey war in San Francisco und besuchte ihre Schwester und so nahm ich sie und Laurie, eine weitere Heilerin und Körpertherapeutin, mit, diese Klientin zu besuchen.

Sie zeigte Audrey ihre arthritischen Hände mit knotigen Gelenken und bat sie, an ihnen zu arbeiten, während Laurie und ich uns mit dem restlichen Körper beschäftigten. Vor Jahren, als sie Schwierigkeiten hatte, ihre Hände zu schließen und Dinge festzuhalten, hatte ich ihr gezeigt, wie sie selber ihre Hände bearbeiten konnte. Ihre Fähigkeiten, ihre Finger zu bewegen, besserten sich, während sie sich jeden Tag vertrauensvoll ihren Fingern zuwandte. Die Gelenke veränderten jedoch nur wenig ihre Größe. Sie schien immer sehr beschämt über ihre knotigen Knöchel zu sein.

Uns gelang es, daß sie sich besser fühlte und ich besuchte sie wenige Tage später nochmals, um ihren Körper zu bearbeiten, bevor ich selbst nach Hawaii zurückkehrte.

Ungefähr eine Woche später erhielt ich einen Anruf von ihr. Sie war sehr aufgeregt: „Du solltest meine Hände sehen, sie sind wunderschön, so wie früher." Ich fragte sie, ob die Knöchel immer noch verdickt und knotig seien und sie antwortete: „Nein! Sie sind einfach glatt, schön und jung." Ich sagte, daß ich das nicht glauben könne. Ihr ging es ebenso. Sie fragte mich immer wieder: „Was hat sie mit meinen Händen gemacht?" Sie erzählte, daß sie mit ihrem Ehemann unterwegs auf einer Reise sei. Ich bekam ihre jetzt so schön veränderten Hände nie zu sehen.

# Den Alterungsprozeß umkehren

Für mich ist Altern:

Steifer in Gedanken und Taten werden.
Schlechter Hören, Sehen, Schmecken und Fühlen.
Sagen: „Dafür bin ich zu alt."
Harte, gespannte, kurze Muskeln entwickeln.
Weniger Stärke, Energie und Beweglichkeit besitzen.
Stöhnen und sich mehr und mehr beklagen.
Schrumpfen und an Größe verlieren.

Altern heißt nicht einfach einen weiteren Geburtstag haben. Chronologisches Alter korreliert nicht streng mit Altern. Fries und Crapo von der medizinischen Fakultät der Stanford University schreiben:

> Unabhängig davon, welchen Maßstab wir für das Altern benutzen, altern wir in unterschiedlichem Maße, und die Unterschiede zwischen uns wachsen mit dem Alter. Das unterschiedliche Maß des Alterns belegt, daß chronologisches Alter an sich kein guter Anhaltspunkt für Alter überhaupt ist. In einem tieferen Sinn verdeutlicht es, daß es einen Grund für die zunehmenden Unterschiede während des Alterns geben muß. Falls wir diese Gründe verstehen könnten, wären wir vielleicht in der Lage, einen schnellen Alterungsprozeß gegen einen langsamen einzutauschen. Wir wären vielleicht in der Lage, das Altern aufzuschieben[1].

Viele Faktoren beeinflussen den Alterungsprozeß: internationale und nationale Ereignisse, Ernährung, sportliche Aktivität, Familie, Beruf, soziale Position, Geschlecht und die Berentung, um nur ein paar zu nennen. Langzeitstudien werden benötigt, um die Schlüsselvariablen zu isolieren und ihren Einfluß auf den Alterungsprozeß festzustellen. Wir wissen bereits jetzt, daß durch Beachtung von Struktur, Funktion und Energie eines Menschen, innerhalb sehr weiter biologischer Grenzen, viel für seine mentale, physische und soziale Funktion getan werden kann.

Dies wird zunehmend wichtiger werden, da wir aufgrund medizinischer und technischer Fortschritte länger leben werden. Wir müssen sicherstellen, daß diese zusätzliche Zeit keine Verlängerung des Todes, sondern eine Ausdehnung des Lebens ist.

Das Ideal ist nicht, solange wie möglich, sondern so ausgefüllt wie möglich zu leben, so daß der Tod die Feierstunde eines voll ausgekosteten Lebens ist. In diesem Fall lösen sich alle Organe und Gewebe des Körpers gleichzeitig und im Gleichklang auf. Die Zeit erwachsener Kraft würde zunehmen, die Zeit, die wir in Abhängigkeit und Unsicherheit verbringen, würde sich verringern. Am Ende wäre der Tod ein natürlicher Übergang zu einer höheren Seinsebene und eine Bestätigung des Lebens.

Thomas Hanna schreibt:

> Da wir alle ein bestimmtes Alter haben, tut es uns gut, uns darüber im Klaren zu sein, daß die Auslöschung durch den Tod unausweichlich ist, der angenommene Verfall, das Altern, ist dagegen vermeidbar. Er ist vermeidbar, weil der Prozeß des Lebens nicht notwendigerweise etwas mit Verfall zu tun haben muß. Der Glaube, daß Altern Zerfall ist, der direkt zum Tode führt, ist ein Mythos. Aber er ist ein gefährlicher und destruktiver Mythos, ein Mythos, der sich selbst erfüllt, falls er akzeptiert und geglaubt wird. Weil es eine selbsterfüllende Prophezeiung ist, stellt „Altern" den größten Einzelfaktor im Todesgeschehen dar. Oder, um es weniger kompliziert auszudrükken, der Alterungsprozeß ist ein selbstzerstörerischer Aspekt der gegenwärtigen Kultur, die den Zerfall und die Vernichtung des Menschen unterstützt.
>
> Aber was vielleicht noch schlimmer ist, der Mythos vom Altern beschreibt das menschliche Leben als sinnlos und überflüssig. Er negiert, daß das Leben Wachstum ist, daß das Leben abenteuerlich, kreativ und unvorhersehbar sein kann. Er negiert, daß menschliches Leben sich vorwärts und hin zu wachsender Erfüllung entwickelt. Der Mythos vom Altern verneint die ureigene Essenz des Jugendalters, die enthusiastische Entwicklung, indem er vorgibt, daß die letzte Zielrichtung der Jugend Zerfall und nicht Erfüllung ist. Weil Leben eine einzige Zeitspanne darstellt, mit der Geburt beginnend und mit dem Tode endend, kann man nicht ein einzelnes Lebensalter verneinen, ohne das ganze Leben zu verneinen. [2]

Der Lebenszyklus beginnt mit einem ungehemmten Baby. Es ist frei und lebt jeden Moment im Hier und Jetzt, fragend, lernend und wachsend, neue Gedanken und Bewegungsmuster bildend. Die meisten dieser erlernten Muster, ob nun nützlich oder auch nicht, werden sehr selten einer Betrachtung unterzogen oder verändert.

Während unserer frühen Jahre werden wir physisch, mental und spirituell geformt. Wenn wir das mittlere Lebensalter erreichen, sind unser Leben und unser Körper weniger empfänglich für Veränderungen. Unsere Muster werden zunehmend rigider und beschränkter. Von neun bis fünf Uhr sind wir auf der Arbeit, von sechs bis elf Uhr schauen wir Fernsehen. Am Wochenende sind wir Zuschauer bei Fußball- oder anderen Ballspielen, anstatt selber zu spielen. Unsere Haltungs- und Bewegungsmuster sind, bis auf einige unbequeme Ausnahmen, bei der Arbeit und zu Hause gleich. So werden täglich tiefere Furchen in unsere Körper und Gehirne geprägt.

Wenn wir eine neue Bewegung versuchen, knarren und ächzen unsere Körper unter Schmerzen. Wir sagen: „Ich werde wohl alt", dagegen wäre es angebracht zu sagen: „Vom wenigen Gebrauch roste ich ein." Jedes Jahr werden unsere Bewegungen insgesamt weniger und kleiner. Wir vergessen, daß wir Gefahr laufen, das zu verlieren, was wir nicht nutzen.

In diesem Alter ist unser Bindegewebe bereits kurz, zäh und ein bißchen verkalkt. Die Gelenke sind zusammengezogen und in ihrer Bewegung eingeschränkt. Schmerzlose Bewegung ist fast unmöglich geworden. Traumata und Streß wurden nach und nach, Schicht um Schicht, aufgespeichert, bilden Triggerpunkte und führen zu funktionellen Beeinträchtigungen der Organe. Fehlfunktionen und Schmerzen treten auf. Wir gleiten langsam in Richtung Grab.

Es muß aber nicht diesen Weg nehmen. Körpertherapie kann uns helfen, Lebendigkeit und Eleganz während unseres ganzen Lebens zu genießen. Sie kann uns helfen, Störungen aus der Vergangenheit, die aus physikalischen und emotionalen Traumata herrühren und den Fluß unserer Lebensenergie behindern, zu beseitigen. Körpertherapie erreicht dies durch eine Steigerung der Bewußtheit und der Beweglichkeit des Körpers, durch physischen Druck und Manipulation, und durch die Übertragung von Energie durch einen anderen Menschen oder durch eine Kombination dieser Methoden. Wenn altes, ausgetrocknetes Gewebe wieder weich und elastisch wird, wenn schwierige, ungelenke Bewegungen wieder leicht und geschmeidig werden, haben wir dann den Alterungsprozeß nicht umgekehrt? Ich habe dies bei vielen Klienten sich ereignen gesehen. Zufällig fand ich eine kleine alte Dame, über das Treppengeländer an der Treppe gebeugt, die zu meinem Büro führt. Ich half ihr die letzten Stufen hinauf und brachte sie in den nächstgelegenen Raum, wo sie sich auf einen Arbeitstisch hinlegen konnte. Ihr Aussehen und ihr Atem machten mir Sorgen. Sie erzählte: „Als mein Ehemann anrief, hat er dir nicht gesagt, daß ich ein Herzproblem habe." Sie erzählte mir auch, daß sie 83 Jahre alt war.

Ich lockerte ihre Kleidung und bearbeitete sanft ihren Nacken. Nach wenigen Minuten sagte ich ihr, daß ich sie nicht Rolfen könne und daran zweifle, ob ich ihr einen Dienst erweisen könne. Während ich aber dann in Richtung ihres Brustkorbs arbeitete, merkte ich, daß sie stark erleichtert wirkte und ihre Atmung sich verbesserte. Als sie sich zum Gehen fertig machte, fragte sie, ob sie wiederkommen könne, und ob ich mehr mit ihr arbeiten könnte. Wir einigten uns darauf, daß ich leichte Feldenkrais-Arbeit mit ihr tun würde. Sie kam über einen Zeitraum von einigen Monaten jede Woche, bekam Feldenkraisstunden und tiefe Gewebsarbeit. Dann suchte sie ihren Arzt auf. Der Arzt konnte nicht verstehen, daß sich das harte, dicke, zähe Gewebe in weiche, elastische Fasern verwandelt hatte. Er drückte wieder und wieder seine Finger in das jugendliche, elastische Gewebe und gab seinem Unverständnis über diese Veränderung in ihrem Körper Ausdruck. Er riet ihr weiterzumachen, was immer sie auch tat. So arbeitete ich sieben Jahre lang mit ihr, bis sie die Gegend verließ.

Eines Tages arbeitete ich mit einer 25jährigen Frau, sie kam direkt nach der alten Frau. Die junge Frau war eine ehemalige Drogenabhängige. Ich war überrascht über den Unterschied ihrer beider Körper. Das Gewebe der jungen Frau war hart, ausgetrocknet, kurz, zäh und sehnig, während das Gewebe der alten Frau weich, elastisch und lebendig war. Es war eine Freude, das Gewebe der alten Frau zu berühren.

Eine andere Klientin war eine 80jährige Frau, die wegen verschiedener körperlicher Probleme in ärztlicher Behandlung war. Wenn sie sich nur ein wenig anstrengte, hatte sie Schwierigkeiten zu atmen. Ihr Magen weigerte sich oft, das Essen zu verdauen, das sie zu sich nahm. Sie hatte chronische Schmerzen. Anspannung zog sich durch den ganzen Körper, besonders stark jedoch durch die linke Seite ihrer Rippen. Trotz alledem liebte sie das Leben und die Menschen und war an allem interessiert. Sie war hochintelligent, beobachtete genau und war jung im Geiste. Ich entwickelte eine Zuneigung für sie und genoß ihre Gegenwart. Ich wollte für sie mein Bestes geben.

Langsam verbesserte sich ihr Atmen und sie konnte einen ganzen Treppenabsatz hinaufgehen, ohne sich auszuruhen oder außer Atem zu geraten. Sie vertrug ihr Essen besser und die chronischen Schmerzen verschwanden. Auf dieser Ebene stabilisierte sie sich ohne große Veränderungen für die nächsten fünf Jahre. Es war offensichtlich für sie, mich und jedermann, der ihre Geschichte kannte, daß Körpertherapie sie am Leben hielt. Sie sagte gewöhnlich: „Dub, du hältst mich am Leben." Sie fühlte sich jedesmal besser, wenn ich an ihr arbeitete. Ihre Rippen bewegten sich bei jedem Atemzug weicher und freier. Die tiefen schweren Kontraktionen, die sie in ihrem Bauchraum fühlte, verschwanden, genauso wie der empfindliche Punkt, wo die zwölfte Rippe mit der Wirbelsäule zusammentrifft. Die großen Rückenmuskeln und der Nacken verlängerten sich und wurden weicher. Sie stand wach und klar vom Behandlungstisch auf, und ich sagte ihr, daß sie für eine weitere Woche in Ordnung sei.

Es schien, als ob es über Nacht geschah. Sie begann zu welken. Sie bemerkte die schnellen Veränderungen sehr viel eher als ich. „Dub, schau auf meine Brüste und meine Haut. Sie sind über Nacht alt geworden. Es sind die Haut und die Brüste einer alten, sehr alten Frau." Der Schmerz im Rücken und im Bauch kam zurück. Zuerst konnte ich ihn für einige Tage vertreiben. Dann kehrte er jede Woche früher zurück. Schließlich konnte ich nicht mehr alle Schmerzen zum Verschwinden bringen, und sie hatte dauernd Probleme mit dem Essen. Sie verlor schnell an Gewicht und starb. Für ihre Familie kam ihr Tod sehr unerwartet. Sie und ich wußten jedoch, daß sie so schnell starb, da sie so voll gelebt hatte und bereit war zu sterben.

Vor einigen Jahren brachte Moshe Margaret Mead in unsere Studienklasse am Lone Mountain College. Er erklärte, daß sie beide ein Zentrum an der Ostküste planten, das eine ideale Umgebung für ihn selbst, Margaret und andere Menschen um die 60 Jahre oder älter sein würde. Menschen, die weiterhin produktiv sein wollten und vorhatten, ihr Leben in der bestmöglichen Weise zu verlängern. Bewegungs- und Bewußtheitsübungen zusammen mit Körperarbeit würden die Schlüssel zu diesen Zielen sein. Margaret starb, bevor Moshe an die Ostküste zurückkehrte, um ihren Plan umzusetzen. Seit dieser Zeit gelang es mir nicht, den Gedanken fallenzulassen, eine Einrichtung zu bauen, um unser Wissen über die Umkehrung des Alterungsprozesses zu nutzen.

Ich stelle mir ein mehrstöckiges Gebäude mit vielen Fenstern vor. Es gibt flache Rampen, die zu großen Doppeltüren führen. Die Türen öffnen sich für mich und ich trete ein. Ich fühle mich herzlich willkommen, was wohl durch die warmen Erdfarben und die Stoffe hervorgerufen wird.

Eine Großmutter mit weißen Haaren geht vorbei, während sie mit dem lächelnden Baby spricht, das sie auf dem Arm hält. Ich folge ihnen in einen Raum, der aussieht wie ein Aufenthaltsraum. Es gibt ein paar Stühle und Sofas entlang der Wände, aber jedermann, Männer, Frauen und Kinder, sind auf dem Boden. Ich schlüpfe aus meinen Schuhen und schiebe sie unter einen Stuhl, setze mich auf den Boden und schaue den Menschen aller Altersstufen zu, wie sie freudig miteinander spielen. Alle, die Älteren eingeschlossen, krabbeln, rollen, liegen, beugen und strecken sich auf dem Boden und genießen ihren vollen Bewegungsspielraum.

Ich bemerke eine junge Frau, die ein kleines Kind massiert und zwei Teenager, die freudig ihre Ellenbogen in den Rücken eines großen, grauhaarigen Mannes graben, der auf dem Bauch liegt. Im Hintergrund hört man klassische Musik, alle sind fröhlich.

Ich frage, woher die Kinder und Babys kommen, und man erzählt mir, daß Alleinerziehende, besonders unverheiratete Mütter, eingeladen werden, hier zu leben. Sie können hier arbeiten und zum nahe gelegenen College gehen, während ihre Kinder für die Zeit, in der sie fort sind, versorgt werden.

Weiterhin erzählt man mir, daß jeder, der hier lebt auch hier arbeitet, entweder in der Kinderbetreuung oder in der Schule, der Wäscherei, der Küche, dem Eßsaal, dem Fitneßcenter, dem Schwimmbad oder im Büro, oder aber er erfüllt Hausmeisteraufgaben am Gebäude und im Gelände. Jedermann ist für einen Teil des gesamten Ablaufs verantwortlich und dafür, daß er die anderen darin unterstützt, ihre Arbeit zu tun. Die Arbeit wechselt, wann immer jemand seinen Arbeitsbereich gemeistert hat.

Als ich nach den Wohnungen frage, erfahre ich, daß jede Familie ihr eigenes Appartement oder ihre eigene Wohnung hat, einen schallgeschützten, privaten, sicheren Platz, um sich zurückzuziehen, wenn es gewünscht oder angemessen ist.

Ich frage nach einem Anmeldeformular für meinen Einzug.

Dies mag im Augenblick nur ein Traum sein, aber die Umkehrung des Alterungsprozesses kann ich aus eigener Erfahrung bezeugen.

Vor Jahren, 1982, wurde ich in meinem Büro bewußtlos. Ich konnte mich nicht erinnern, wo ich war. Als ich mich ausstreckte, fühlte ich irgend etwas Glattes, Kaltes. Dann realisierte ich, daß ich zusammengekrümmt auf einer Seite lag. Alles erschien mir sehr fremd. Ich konnte mich nicht erinnern, wo ich war und wie ich dahin gekommen war. Selbst als ich näher hinsah, blieb ich in einer verzwickten Lage. Schließlich realisierte ich, daß ich in meinem Büro, halb unter dem Schreibtisch auf dem Boden lag. Meine Hand hatte das kalte, glatte Metall des umgefallenen Bürostuhls berührt. Indem ich mich auf meinen Schreibtisch stützte, kam ich mit ziemlichem Aufwand wieder auf die Füße.

Dann erinnerte ich mich, daß ich eben noch an meinem Schreibtisch gesessen hatte und im nächsten Moment auf dem Fußboden lag. Wie lange ich dort gelegen hatte, wußte ich nicht. Als ich anfing zu lachen, klingelte das Telefon. Es war ein Klient, der gleichzeitig Arzt war. Lachend erzählte ich ihm, was passiert war und kommentierte das Ganze damit, wie einfach es doch gewesen wäre, mein Leben in jenem Moment zu beenden. Er fand den Vorfall überhaupt nicht lustig. Nachdem er mir eine Menge Fragen hinsichtlich meines Gesundheitszustandes gestellt hatte, sagte er, daß er seinen Cousin im Krankenhaus anrufen wolle, damit ich dort sofort aufgenommen werden könnte.

Sie brachten mich ins Krankenhaus, und nachdem sie eine ganze Batterie an Tests durchgeführt hatten, bat mich der Arzt, Platz zu nehmen und teilte mir mit, daß ich eine doppelseitige Lungenentzündung hätte. Zum ersten Mal in zwanzig Jahren mußte ich Medikamente nehmen.

Ich war überrascht, wie langsam meine Gesundheit zurückkehrte, sogar nachdem ich die Medikamente abgesetzt hatte. Dann überlegte ich, was ich meinem Körper im letzten Jahr zugemutet hatte, und mir wurde klar, daß ich mich nicht wundern durfte.

Vor ungefähr einem Jahr war meine Schwester mit Krebs im Endstadium ins Krankenhaus von San José eingeliefert worden. Sie starb zwei Monate später und ließ einen behinderten Ehemann zurück. Während dieses Jahres versuchte ich, meine Praxis offen zu halten, während ich mit meinem Schwager in Livermore lebte und ihm half. Gleichzeitig begleitete ich meine Schwester durch ihre tödliche Krankheit. Während meine Schwester im Krankenhaus war, verbrachte ich ein paar Stunden in meiner Praxis in San Francisco, dann fuhr ich ins Krankenhaus nach San José und blieb bis zur Nacht bei meiner Schwester. Dann fuhr ich zurück nach Livermore, um meinem Schwager beizustehen. Der Morgen bedeutete einen Kampf durch den Verkehr über die Brücke zu meiner Praxis, nur um den Zyklus zu wiederholen. Das ging so lange, bis ich auf dem Boden zusammenbrach.

Es war das erste Mal in meinem Leben, daß ich mich alt fühlte. Meine Gelenke waren steif. Es bedeutete Anstrengung, einen Fuß vor den anderen zu setzen. Ich wollte einfach nur noch sitzen und mich nicht mehr bewegen. Es interessierte mich überhaupt nichts mehr. Meine Regenerationskräfte schienen verschwunden zu sein. Tag um Tag gab es nur wenig Besserung. Leben war zu einer Bürde geworden. Alles, was ich tat, war mit größter Anstrengung verbunden. Eine kleine Schnittwunde schien nicht mehr zu heilen. Atmen war Anstrengung.

In diesem Zustand brach ich 1983 nach Hawaii auf. Ich hatte die meisten meiner Klienten abgegeben und das Interesse an

Körperarbeit verloren. 1984 traf ich Tanouye Roshi und er belebte meine Leidenschaft wieder, den Körper zu verstehen und anderen zu dienen. Er eröffnete mir das völlig neue Feld der Lebensenergie. Ich erlernte wie sie zirkuliert, wie sie mit dem Leben, der Gesundheit und dem Tod verbunden ist und wie ich sie bei jenen Klienten benutzen konnte, die mich zuvor mit meinem begrenzten Wissen hilflos gemacht hatten. Ich begann wieder, mit erneutem Interesse mit mehr Klienten zu arbeiten. Ich hatte wieder einen vollen Terminkalender und nahm mir Zeit, meinen eigenen Körper zu studieren und bearbeiten zu lassen. Ich erlangte meine Gesundheit zurück und war in der Lage zu arbeiten, als ob ich um Jahre jünger wäre.

1986, vier Jahre nachdem ich in meiner alten Praxis zusammengebrochen war, bin ich älter an Jahren und jünger im Alter. Fünf Tage in der Woche stehe ich um fünf Uhr morgens auf, gehe ca. zwei Kilometer hin und zurück zum Chozen Ji, wo ich eine halbe Stunde Zazen sitze. Es bedeutet keine Anstrengung für mich. In der Tat, wenn es bergab geht, jogge ich, bis die Strecke wieder flach wird. Es ist für mich angenehm und leicht, mit Klienten zu arbeiten. Ich schlafe gut und tief. Ich habe keinerlei Schmerzen oder Beschwerden, außer wenn ich Zazen sitze. Ich habe Freude an sozialen Kontakten. Haushalt, Kochen, Waschen und Einkaufen sind keine unangenehmen Tätigkeiten. Nach Moshes Anforderungen zu urteilen, bin ich gesund. Er forderte von einem gesunden Menschen, daß er produktiv und fröhlich tätig ist, egal was er tut, und daß er ein gutes Sexualleben hat.

Ich freue mich auf jeden Tag und kann nicht alles, was ich will, zu Ende bringen. Obwohl ich niemals zuvor irgend etwas geschrieben habe, schreibe ich augenblicklich drei Lehrbücher und beende dieses Buch jetzt zum zehnten und wie ich sicher glaube, letzten Mal. Im Alter von 72 Jahren bin ich wieder jung und lebe ein neues Leben.

# Anhang

## *Übungen für die Umkehrung des Alterungsprozesses*

Trage für diese Bewegungen bequeme Kleidung und erinnere dich daran, daß die Anweisungen normalerweise durch einen Lehrer einer Gruppe gegeben werden. Vielleicht findest du es nützlich, die Anweisungen für dich selber auf Band aufzunehmen oder von jemandem lesen zu lassen, während du die Bewegungen ausführst. Sorge dabei für ausreichend lange Pausen zwischen den einzelnen Anweisungen.

Die Übungen auf dem Boden können am besten durchgeführt werden, wenn du ein Handtuch auf einen Teppichboden legst. Übungen im Stehen sind am einfachsten, wenn du vor zwei Spiegeln stehst, die einander gegenübergestellt sind; ein einzelner wird dir aber ebenso nützlich sein.

Erwarte keine großen Resultate von Ida Rolfs Schultergürtel-Übung, falls du diese Übungen nicht mindestens viermal pro Woche durchführst. Das Beste ist, sie an jedem Arbeitstag auszuführen. Nur zwei- oder dreimal pro Woche ausgeübt, sind sie Zeitverschwendung. Idas Übungen, um die Wirbelsäule zu verlängern, und Moshes Übungen können immer und überall getan werden. Sie werden zu Ergebnissen führen, vorausgesetzt sie werden langsam und mit Bewußtheit durchgeführt.

## *Idas Übungen für das Sitzen und Längerwerden im Stehen*

Stell dich hin, die Füße parallel nach vorn gerichtet und hüftbreit voneinander entfernt. Lasse deine Arme hängen, Daumen am Körper, die Ellenbogen zeigen vom Körper weg.

Sage zu dir selbst: „Setz dich, beginnend in den Leistenbeugen und lasse die Knie in dem Maße gerade nach vorne gehen, wie die Taille sich nach hinten bewegt.“ Nach einer kurzen Pause in dieser Position sage dir selbst: „Jetzt lasse den Scheitelpunkt mich wieder aufrichten." Wiederhole das jedes Mal, wenn du die Übung machst.

Die Taille entspricht der Gürtellinie und die Taille zurücknehmen heißt, während Schultern und Hüften unbeweglich bleiben, die Gürtellinie und die Lendenwirbel abzuflachen und nach hinten bewegen. Der Scheitelpunkt ist der Punkt, wo sich die Knochen am höchsten Punkt des Schädels treffen. Wenn du deine Zeigefinger in deine Ohren steckst und dann langsam über die Seite nach oben auf die Oberseite des Schädels gleiten läßt bis sie sich auf der Mittellinie treffen, hast du den höchsten Punkt deines Kopfes gefunden. Erinnere dich immer an diesen Punkt, so daß du deinen Finger und deine Bewußtheit dorthin lenken kannst, wann immer es notwendig ist.

Stelle dich vor einen körpergroßen Spiegel, das wird dir helfen, die gewünschte Bewegung auszuführen. Stehe mit beiden Füßen parallel zueinander. Bewege jetzt die Knie direkt vor und zurück und beobachte den Raum zwischen den Knien. Während dieser Raum sich verändert, kannst du die Rotation der Knie sehen. Wenn Kniescheibe und Fuß in unterschiedliche Richtungen zeigen, werden die Beine zwischen Knie und Fuß verdreht. Arbeite darauf hin, daß dieser Raum unverändert bleibt und Knie und Füße in die gleiche Richtung zeigen. Setze dich, während deine Gürtellinie sich nach hinten bewegt. Stelle dir dann vor, daß dich ein großer Haken vom höchsten Punkt des Kopfes anhebt und deinen Körper im Gravitationsfeld der Erde anordnet. Bleibe eine kleine Weile oder vielleicht sogar ein bis zwei Minuten in dieser aufgerichteten Haltung und stelle dir vor, wie du noch größer wirst. Du wirst in der Lage sein zu fühlen, wo oben ist, und was die Struktur deines Körpers ist, wenn er im Gravitationsfeld der Erde angeordnet ist.

## *Idas Übung, um den Beckengürtel zu organisieren*

Setze dich hin, den Rücken gegen eine Wand oder einen Partner gelehnt. Beuge dein linkes Knie und ziehe die Ferse so nah wie möglich zum Po. Sorge dafür, daß vor allem das Kreuzbein flach gegen die Wand oder den Rücken gelehnt ist. Strecke dein rechtes Bein direkt nach vorn aus, die Rückseite flach auf dem Boden liegend.

Richte den rechten Fuß und die Zehen im rechten Winkel gegen die Decke hin aus. Halte den Fuß bewegungslos und bewege deine Zehen vor und zurück. Halte den Fuß bewegungslos, bewege deine Zehen nach unten, als ob sie einen Bleistift greifen wollten. Beuge deinen Fuß direkt in Richtung Boden, während deine Zehen den vorgestellten Bleistift halten.

Nachdem du den Fuß, der immer noch den Bleistift hält, so weit wie möglich nach unten gebeugt hast, bringe den Fuß so weit nach oben wie möglich, lasse dabei Zehen, Fuß und Bein so gerade wie möglich. Während dein Fuß immer noch den Bleistift hält und oben ist, schiebe die Ferse weg und strecke dein Bein. Dann bewege deinen Fuß wieder Richtung Boden, die Zehen halten den Bleistift.

Halte deinen Fuß unten, bringe nur die Zehen zurück und lasse den Bleistift fallen. Halte die Zehen oben und bringe jetzt den ganzen Fuß nach oben. Halte beide oben und schiebe die Ferse weit von dir weg. Diese Bewegung verlängert dein Bein, richtet es gerade aus.

Halte deine Zehen oben und bewege deinen Fuß nach unten, halte jetzt deinen Fuß unten und bringe deine Zehen auch nach unten. Nimm einen tiefen Atemzug und entspanne dich. Beobachte, ob du fühlen kannst, wie dein Körper beginnt sich zu organisieren, während du Idas Übungen machst.

## *Idas Schulter-Gürtel-Übung*

Lege dich auf den Rücken, stelle deine Beine an, die Sohlen der Füße stehen auf dem Boden. Lege die Arme mit den Handflächen nach unten entlang deines Körpers. Gleite jetzt mit deinen Armen von der Seite so weit auf dem Boden nach oben, bis sie im rechten Winkel zum Körper liegen und strecke deine Hände so weit und gerade wie möglich, vom Schultergelenk weg.

Während du vom Schultergelenk aus so weit wie möglich nach außen reichst, bringe deine Arme über der Brust so nahe zusammen, daß sich die Handrücken gegenüberstehen, während die Arme, parallel und senkrecht zum Boden aus dem Schultergelenk heraus nach oben reichen. Hebe deine Schultern vom Boden, und bringe deine Hände noch weiter zur Decke. Lasse dann die Schultern auf den Boden fallen. Während du immer noch deine Hände nach außen streckst, lasse die Arme langsam zum Boden sinken, ohne ihn zu berühren.

Reiche jetzt noch weiter mit deinen Armen von der Schulter aus und drehe deinen Arm um ein Viertel, so daß deine Daumen zur Decke zeigen. Während der ganzen Übung findet das Drehen nur im Schultergelenk, nicht im Handgelenk und nicht im Ellbogengelenk statt. Bringe jetzt die Arme wieder über deiner Brust zusammen, diesmal, indem sich die Daumen einander nähern. Stoppe die Bewegung, wenn die Arme parallel über der Brust stehen. Recke sie weiter hinaus, und lasse die Arme dann langsam mit der Handkante wieder zum Boden sinken. Berühre den Boden dabei nicht. Strecke wieder die Hände hinaus und drehe den Arm wieder um ein Viertel, so daß deine Handinnenflächen zur Decke zeigen. Bringe jetzt die Handinnenflächen über deiner Brust nah zueinander. Höre auf, wenn die Arme gerade über der Brust und parallel zueinander stehen. Lasse dann wieder deine Arme langsam sinken, dieses Mal die Rückseite der Hände voraus, ohne den Boden zu berühren.

Drehe jetzt den Arm vom Schultergelenk aus so, daß die Handkanten deiner Hände zur Decke zeigen. Bringe die beiden Handkanten über deiner Brust nah zueinander, während du weiter die Hände nach außen streckst. Wenn die Arme gerade und parallel über den Schultergelenken stehen, bringe die zwei Daumen langsam Richtung Boden, ohne den Boden zu berühren. Dies vervollständigt die erste Hälfte des gesamten Zyklus. Der Prozeß wird jetzt umgekehrt, um die zweite Hälfte zu vervollständigen.

Strecke die Arme von deiner Schulter aus, ohne sie zu drehen. Bringe einfach die Handkanten der Hände über deine Brust, und sobald deine Arme über den Schultern stehen, bringe die Daumen langsam zum Boden zurück, ohne den Boden zu berühren.

Drehe jetzt die Arme um ein Viertel, während du sie vom Schultergelenk her hinausstreckst, so daß die Handinnenflächen zur Decke zeigen. Bringe die Hände über der Brust nah zueinander und dann zurück zum Boden, stoppe kurz bevor die Handrücken den Boden berühren.

Drehe die Arme im Schultergelenk um ein weiteres Viertel, so daß die Daumen zur Decke zeigen. Bringe diese über der Brust nah zueinander. Bringe dann die Handkanten deiner Hände wieder zum Boden, ohne daß sie den Boden berühren.

Strecke deine Arme aus und drehe vom Schultergelenk her so, daß die Handrücken zur Decke zeigen. Bringe die Handrücken zuerst über der Brust nah zueinander und laß dann die Arme mit den Handflächen nach unten zum Boden sinken, den sie dieses Mal berühren. Strecke deine Arme jetzt wieder weit aus und gleite mit den Handflächen auf dem Boden zurück, um die Arme entlang deines Körpers hinzulegen. Strecke die Hände in Richtung Füße und stell dir vor, daß jede Hand durch ein zehn Kilogramm schweres Gewicht an ihrem Platz gehalten wird. Schiebe dann deine Ellenbogen etwa zehn Zentimeter gerade nach außen zur Seite. Entspanne dich.

## *Moshes Augenübung*

Lege dich auf den Rücken und mach es dir bequem. Die Knie können gebeugt oder gestreckt sein. Schließe deine Augen. Lege den weichen Teil deiner rechten Handinnenfläche auf dein rechtes Auge. Gib genau so viel Druck auf den Augapfel, daß du seine Bewegungen spüren kannst. Bewege den Augapfel nach links, als ob du nach links schauen würdest. Dann bringe den Augapfel zurück in die Mitte. Bewege ihn zurück nach links und dann wieder zurück in die Mitte. Wiederhole dies viele Male.

Höre damit jetzt auf und schaue, den Handballen auf dem rechte Auge, dieses Mal nach rechts. Spüre, wie sich dein Augapfel unter dem Augenlid nach rechts bewegt. Bringe den Augapfel zurück zur Mitte. Dann bewege ihn zurück nach rechts und zurück in die Mitte. Wiederhole auch diese Übung mehrfach.

Jetzt höre damit auf und bewege deinen Augapfel so, als ob du zu deinen Zehen blicken wolltest. Bringe den Augapfel zurück zur Mitte und wiederhole auch diese Bewegungen.

Beende diese Bewegung und bewege deinen Augapfel nach oben, als ob du deine Augenbraue anschauen wolltest. Bewege das Auge zurück zur Mitte. Wiederhole diese Bewegung viele Male.

Bewege deinen Augapfel jetzt nach unten, so weit du kannst und dann zurück über die Mitte nach oben, so weit wie es geht. Wiederhole diese Bewegung viele Male.

Blicke nach links, und dann zurück über die Mitte nach rechts, so weit wie du kannst. Wiederhole das viele Male und achte darauf, daß deine Hand die Bewegung des Augapfels von einer Seite zur anderen fühlen kann.

Während du die Augen geschlossen hältst, lasse deine Hand ein wenig ausruhen. Lege nach einer kurzen Pause die Hand zurück auf dein Auge, so daß der weiche Teil der Handinnenfläche leicht auf deinem rechten Augapfel liegt. Bewege jetzt das Auge im Uhrzeigersinn im Kreis, der Kreis soll dabei so groß wie möglich sein. Nachdem du dies einige Male gemacht hast, lasse den Kreis sehr klein und die Bewegung sehr schnell werden. Mache viele kleine Kreise. Dann wieder einige sehr große Kreise.

Beende dies und bewege den Augapfel in großen Kreisen in der entgegengesetzten Richung. Laß darauf dann schnelle kleine Kreise folgen. Beende dies und laß den Augapfel einige wenige große Kreise beschreiben.

Verwandle den Kreis in ein Quadrat. Bestimme vier Ecken und vier Seiten eines großen Quadrats. Kehre die Bewegung des Augapfels um und laß noch mehr große Quadrate folgen. Wenn du an einer Ecke des Quadrats ankommst, gleite auf der Diagonalen zur gegenüberliegenden Ecke. Bewege das Auge weiter zur nächsten Ecke und bewege es auf der anderen Diagonalen. Wiederhole diese Bewegungen. Folge einer Diagonalen, bewege den Augapfel zur nächsten Ecke und folge dann dieser Diagonalen. Ändere dann nur die Bewegungsrichtung, während du das selbst tust. Spüre dabei mit deiner Hand genau die Bewegung des Augapfels.

Halte die Augen geschlossen und nimm die Hand vom Auge. Lenke deine Aufmerksamkeit auf die rechte Seite deines Gesichts. Vergleiche die rechte mit der linken Seite. Spüre die Linien rund um dein rechtes Auge und vergleiche sie mit dem Bereich rund um das linke Auge. Gibt es Unterschiede? Fühlt sich ein Auge größer und entspannter als das andere an? Spüre in deine Mundwinkel hinein. Kannst du einen Unterschied wahrnehmen? Fühlt sich die linke Gesichtshälfte anders an als die rechte?

Öffne jetzt deine Augen, drehe dich auf die Seite und steh auf. Suche dir einen Partner und betrachtet eure Gesichtshälften. Teile dem anderen mit, was du siehst. Wenn du alleine bist, schaue in einen Spiegel, um Unterschiede in den beiden Seiten zu sehen.

Schließe deine Augen wieder. Fühlen sich die beiden Schultern unterschiedlich an? Kannst du einen Unterschied in den beiden Seiten des Körpers wahrnehmen? Öffne deine Augen und schau, ob du Unterschiede bei deinem Partner wahrnehmen kannst.

Lege dich wieder zurück auf den Boden. Dieses Mal mit der Handinnenfläche deiner linken Hand auf dem linken Auge. Bewege den Augapfel nach links, aber nur den linken Augapfel. Wenn du deine rechte Hand auf dein rechtes Auge legst, wirst du spüren, daß es fast unmöglich ist, nur das linke Auge zu bewegen, da die Augen sich natürlicherweise zusammen bewegen. Während der gesamten Übung hast du fortwährend beide Augen zusammen bewegt.

Beide Augen bewegten sich in derselben Weise und doch ist ein Auge und eine Gesichts- und Körperhälfte deutlich verschieden und entspannter gegenüber der anderen. Der Unterschied liegt in der Bewußtheit, mit der die Bewegungen des rechten Auges ausgeführt wurden, im Vergleich zur fehlenden Bewußtheit in den Bewegungen des linken Auges. Bewußtheit ist der Unterschied zwischen Gymnastik und Feldenkrais-Übungen. Wenn Bewegungen mit Bewußtheit ausgeübt werden, integrieren sie sich in das Nervensystem und verändern die Funktionsweise des Körpers.

Wiederhole jetzt die verschiedenen Bewegungen auf der linken Seite, jedoch nur in deiner Vorstellung. Mache die ganze Übung nur in deiner Vorstellung. Bewege den Augapfel nur in deinem Denken und gleiche die beiden Seiten aus.

### *Durch Drehen länger werden, eine Übung von Moshe Feldenkrais*

Stelle dich hin, die Füße parallel nach vorn gerichtet und hüftbreit voneinander entfernt. Hebe deine rechte Hand in Augenhöhe, als ob du die Zeit auf einer Armbanduhr ablesen wolltest. Halte den Arm in dieser Position, während du den Körper nach rechts drehst. Die Füße bleiben stehen. Drehe deinen Körper so weit nach rechts, wie es angenehm, wohltuend und ohne Anstrengung möglich ist. Sobald du den gerade noch angenehmen äußersten Punkt erreicht hast, schaue über die Uhr hinaus auf den Punkt in deiner Blickrichtung, an dem deine Sichtlinie endet. Merke dir diesen Punkt als Bezugspunkt für einen späteren Vergleich.

Nachdem du diesen Punkt für dich registriert hast, drehe deinen Körper zurück zur Mitte und laß deinen Arm hängen. Schließe dann deine Augen und drehe deinen Körper nach rechts. Halte den Körper rechts und drehe nur deinen Kopf zurück zur Mitte und dann zurück nach rechts. Der Körper bleibt nach rechts gedreht. Der Kopf bewegt sich viele Male zur Mitte und zurück nach rechts. Spüre die Bewegung, die Drehung, die durch den ganzen Körper geht. Spüre den Unterschied in beiden Füßen, beiden Beinen, beiden Seiten des Beckens, im Brustkorb und in den Knochen des Nackens. Beende dies und bringe den Körper zurück zur Mitte. Hole tief Luft und atme aus.

Drehe deinen Körper zurück nach rechts. Halte diesmal Kopf und Körper nach rechts gedreht und bewege nur deine Augen zurück zur Mitte und wieder zurück nach rechts. Wiederhole auch dies mehrfach. Beobachte deinen Körper, während du dies tust. Nimmt der ganze Körper an der Bewegung teil? Spüre nach, wie alles miteinander verbunden ist. Mache kleine Bewegungen mit deinen Augen, schneller und schneller, kleiner und kleiner. Beende dies und mache die Bewegung elegant und leicht. Bringe Kopf und Körper zurück zur Mitte und atme einige Male tief ein und aus.

Drehe deinen Körper, Kopf und die geschlossenen Augen nochmals nach rechts, so weit wie es angenehm ist. Halte Kopf und Augen rechts und bringe die Schultern zurück zur Mitte und dann wieder nach rechts. Nur Rumpf und Schultern bewegen sich. Es soll nur eine leichte Bewegung sein. Zwinge dich zu nichts in der Bewegung. Mache die Bewegung so angenehm und elegant wie möglich. Verfolge die Drehung durch den ganzen Körper. Beende auch dies, und bringe alles zurück zur Mitte. Hole tief Luft, hebe deine Schultern zu den Ohren und lasse sie fallen, während du ausatmest. Wiederhole es noch einmal.

Öffne deine Augen, hebe deinen linken Arm und schau auf die vorgestellte Armbanduhr, während du dich nach rechts drehst, so weit wie es angenehm und leicht ist, genau so, wie du es zuvor getan hast. Sobald du anhältst, hebe deinen Blick von der Uhr und schau auf die Wand. Wo zeigt deine Sichtlinie jetzt hin. Um wieviel weiter kannst du dich im Vergleich zum ersten Mal drehen? Miß es mit deinen beiden Händen aus.

Schließe deine Augen wieder und bringe alles zurück zur Mitte, auch die Arme an deinen Seiten und betrachte einfach deinen Körper, indem du die beiden Seiten miteinander vergleichst. Welche der beiden Seiten fühlt sich länger an? Welche der beiden Seiten ist entspannter? Vergleiche Füße, Beine, Bekken, Schultern, Rücken, Rippen, Nacken und Kopf. Willst du die andere Seite auch noch bearbeiten?

Drehe deinen Körper in einer angenehmen Weise nach links und markiere einen Punkt an der Wand, den du siehst, wenn du über die vorgestellte Armbanduhr an deiner linken Hand hinausblickst. Komme zurück zur Mitte, schließe deine Augen und lasse die Hand nach unten sinken.

Von hier ab wirst du nur noch in deiner Vorstellung arbeiten. Bewege deinen Körper nicht in der realen Welt. Stelle dir einfach die Bewegungen vor. Die Bewegungen, die du in deiner Vorstellung auf dieser Seite machen wirst, sind die gleichen Bewegungen, die du gerade auf der rechten Seite erfahren hast. Die linke Hirnhälfte hat die Erfahrungen, wie sie von der rechten Seite gemacht wurden, gespeichert. Du wirst jetzt diese Erfahrung der rechten Gehirnhälfte übermitteln und die Erfahrung auf das Nervensystem, die Muskeln und auf das Bindegewebe der linken Seite deines Körpers übertragen.

Bewege jetzt deinen Körper, Kopf und Augen nach links, ohne dich in der realen Welt, sondern nur in deiner Vorstellung zu bewegen. Halte deine Füße in der ursprünglichen Position. Halte deinen Körper nur in der Vorstellung nach links gedreht und drehe deinen Kopf zurück zur Mitte und zurück nach links. Wiederhole dies einige Male. Bemerke, wie du diese Bewegung schneller und immer perfekter ausführen kannst. Beende dies und während du in deiner Vorstellung den Körper und den Kopf nach links gedreht hältst, bringe die Augen zurück zur Mitte und zurück nach links. Wiederhole auch diese Bewegung in deiner Vorstellung viele Male, und jedes Mal kleiner und schneller.

Stoppe diese Bewegung, und während dieses Mal Augen und Kopf links gehalten werden, bewege Schultern und Rumpf deines Körpers zur Mitte und dann zurück nach links. Wiederhole dies viele Male und erspüre in deiner Vorstellung die gleiche Wahrnehmung, die du hattest, als die Bewegung auf der rechten Seite ausgeführt wurde. Achte auf die entsprechenden Gefühle und Schwierigkeiten. Bringe jetzt in deiner Vorstellung den ganzen Körper zurück zur Mitte. Halte deine Augen geschlossen. Atme einige Male tief ein und aus, während du deine Schultern anhebst und wieder fallenläßt. Großartig. Jetzt, während deine Augen noch geschlossen sind, drehe deinen Körper in der realen Welt langsam und vollständig, aber immer noch auf angenehme Art und Weise nach links und dann zurück zur Mitte. Öffne deine Augen. Hebe deinen linken Arm und schaue auf die vorgestellte Armbanduhr, während du dich so weit, wie es dir angenehm ist, nach links drehst. Dann schaue gerade über die Uhr hinweg und bemerke, wo deine Sichtlinie jetzt endet. Vergleiche diesen Punkt mit der ersten Messung. Miß auch diesen Unterschied mit beiden Händen. Du siehst, du kannst alles in deinem Kopf tun.

## *Moshes Übungen, die Seiten zu verlängern*

Lege dich auf deinen Rücken. Betrachte deinen Körper. Welchen Kontakt hat der Kopf zum Boden? Welche Form und Größe hat der Abdruck, den der Kopf auf dem Teppich hinterläßt? Wie weit ist die Rückseite des Nackens vom Teppich entfernt? Wo berührt die Wirbelsäule den Teppich wieder?

Fühle mit geschlossenen Augen deine rechte Schulter. Vergleiche sie mit der linken Schulter. Welche Schulter ist der Decke näher? Betrachte jetzt, welche Schulter dem Ohr näher ist. Welche Schulter hinterläßt einen größeren Abdruck auf dem Teppich? Welche Schulter trägt mehr Gewicht? Gehe langsam, Zentimeter um Zentimeter, deine Wirbelsäule abwärts und bemerke, an welchen Stellen sie den Boden berührt und an welchen nicht.

Vergleiche die beiden Seiten des Beckens. Welche ist der Decke näher? Welche Hüfte ist welcher Schulter näher? Welche Hüfte überträgt mehr Gewicht in den Boden? Welche Pobacke macht einen größeren Abdruck auf dem Teppich? Berühren die Rückflächen deiner Knie den Teppich? Beobachte, wie der rechte Unterschenkel den Teppich berührt. Verliert der Unterschenkel kurz vor der Ferse den Kontakt zum Boden? Wie weit ist dieser Bereich vom Teppich entfernt? Könnte eine Maus hindurchschlüpfen, ohne dein Bein zu berühren? In welche Richtung zeigen deine Füße? Zeigen beide Füße in die gleiche Richtung? Zeigen deine Zehen in die gleiche Richtung wie deine Füße? Sind sie gekrümmt oder gedreht, oder sind einige von ihnen gekrümmt, während andere gerade sind?

Bewege nichts außer deinem rechten Arm. Bewege diesen Arm so, daß die Hand in angenehmer Art und Weise unter deine Lendenwirbelsäule gleiten kann. Bemerke, wie weit dieser Teil der Wirbelsäule vom Boden entfernt ist und erinnere dich daran, wie gekrümmt oder flach die Lendenwirbel sind.

Bringe deinen Arm zurück an deine Seite, Handfläche nach unten. Fühle mit deinen Fingern den Boden. Langsam und angenehm, immer langsam und angenehm, schiebst du deine Hand ein wenig in Richtung zu den Füßen und dann zieh sie wieder zurück zum Ausgangspunkt. Wiederhole dies einige Male. Achte darauf, ob deine Schulter sich vielleicht auch bewegen will. Lasse sie sich frei bewegen. Vergrößere die Strecke etwas, die deine Hand sich nach unten bewegt. Was würde die Bewegung einfacher machen? Versuche deinen Kopf zu drehen und deine Hand anzuschauen, während sie sich in Richtung Fuß bewegt. Bringe deinen Kopf zurück zur Mitte, während dein Arm zurück zum Ausgangspunkt kommt. Wiederhole dies einige Male. Beende dies. Dieses Mal drehe den Kopf und beobachte deine Hand, wenn sie zurück zum Ausgangspunkt kommt. Du schaust auf deine Hand, wenn sie zurückkommt und blickst weg von ihr, wenn sie sich in Richtung Fuß bewegt. Versuche dies einige Male. Fühlt sich das normal an? Wiederhole es auf die andere Art. Fühlt sich das natürlicher an? Richtiger?

Spüre, ob deine Wirbelsäule sich an der Bewegung beteiligen will. Will sie sich ein bißchen beugen, wenn die Hand hinuntergleitet, und aufrichten, wenn sie zurückkommt? Lasse sie sich bewegen, wie sie will. Erleichtert die Bewegung der Wirbelsäule die Bewegung der Hand? Ist die Bewegung eleganter, leichter? Beobachte nochmals, wie sich deine Wirbelsäule bewegt. Neigt sich der obere Teil der Wirbelsäule nach rechts, während der Arm nach unten gleitet, und wird er wieder gerade, wenn der Arm zum Ausgangspunkt zurückkehrt? Was passiert mit deinem Becken? Bewegt sich das Becken nach links, wenn der Arm nach unten gleitet und der obere Teil der Wirbelsäule sich nach rechts bewegt? Bewegt sich der untere Teil der Wirbelsäule zusammen mit dem Becken nach links, während der obere Teil der Wirbelsäule sich nach rechts bewegt? Unterstützt die ganze Bewegung die Hand in ihrer kleinen Bewegung? Bewege dein Becken nach rechts, während du den oberen Teil deiner Wirbelsäule nach rechts bewegst, und schiebe deine Hand hinunter in Richtung Füße. Nimm dir Zeit, bewege dich langsam, beobachte, was du tust. Erinnere dich, daß Moshe immer sagte: „Du kannst nicht tun, was du willst, es sei denn, du weißt, was du tust." Schau, ob du wahrnehmen kannst, was du tust. Kannst du das tun, was du tun willst? Bewege dich langsam, leicht, angenehm und liebevoll. Beende es und mache eine Pause. Nimm dir Zeit.

Ziehe deine Knie an, bewege dich oder ruhe dich aus, ganz wie du willst.

Lege dich zurück auf den Rücken, die Beine ausgestreckt, die Arme entlang deines Körpers, Handflächen zum Boden. Schiebe die rechte Hand leicht in die Richtung des rechten Fußes und zurück. Bewege dich elegant und angenehm. Was passiert mit deinem Kopf? Was macht der obere Teil der Wirbelsäule? Und der untere Teil deiner Wirbelsäule? Dein Becken? Kannst du fühlen, daß die Bewegung leichter und einfacher wird? Spürst du, daß die großen Muskeln des Beckens dies ermöglichen? Alle großen Muskeln des Körpers sind am Becken befestigt. Diese großen Muskeln können die Arbeit des Körpers sehr viel leichter und effizienter tun, als die kleinen Muskeln der Extremitäten. Die Bewegung wird leichter und eleganter, wenn der Körper das, was er hat, zu seinem größten Vorteil nutzt. Erinnere dich, wie die Bewegung sich beim ersten Mal angefühlt hat.

Komm zum Ende und beuge dein linkes Knie. Strecke dein rechtes Bein aus und drücke deine rechte Ferse von dir weg, zur entgegengesetzten Wand. Lasse sich dein Bein ein bißchen in Richtung zu dieser Wand bewegen und dann zurück zum Ausgangspunkt. Drücke deine Ferse von dir weg und lasse sie dann zurückkehren. Wiederhole diese Bewegung viele Male.

Was passiert mit deinem Becken? Möchte der rechte Hüftknochen sich nach unten bewegen und der linke nach oben? Kehren sie dann beide zurück zum Ausgangspunkt? Erlaube diese Bewegungen. Macht es die Bewegung der Ferse einfacher? Was passiert mit dem linken Fuß, der auf dem Boden steht? Was möchte er tun, wenn die rechte Ferse nach unten geht? Wann will die linke Ferse drücken und wann will sie ziehen? Versuche, die linke Ferse nach oben zu ziehen, während du die rechte Ferse nach unten drückst, dann kehre beides um. Erscheint dir diese gegensätzliche Bewegung richtig? Höre damit auf und lasse jetzt linke und rechte Ferse zur gleichen Zeit nach unten gleiten und zur gleichen Zeit zurückkehren. Fühlt sich das richtig an? Versuche das Umgekehrte, beide in entgegengesetzte Richtungen zu bewegen. Kommt eine Seite des Beckens weiter nach oben, während die andere zum Boden geht? Fühlt sich das richtig und angemessen an? Ist diese Bewegung flüssiger und eleganter geworden? Geben die großen Muskeln des Beckens dieser Bewegung die größtmögliche Kraft?

Beende dies und bewege die rechte Hand und die rechte Ferse zur gleichen Zeit hinunter und hinauf. Fühlt es sich richtig an, beide zusammen in die gleiche Richtung zu bewegen? Bewege sie jetzt in entgegengesetzter Richtung. Wenn die Ferse nach oben kommt, lasse die Hand in Richtung Ferse gehen. Dann kehren beide ihre Bewegung um und entfernen sich voneinander. Bewege beide wieder in die gleiche Richtung. Ist dies die natürliche Art und Weise? Fühlt sich das richtig an? Bewegen sich die Spitze und die Basis der Wirbelsäule in entgegengesetzte Richtungen? Was passiert mit dem Kopf? Lasse ihn sich bewegen wie er will. Lasse ihn an der Bewegung teilnehmen. Unterstützt der linke Fuß die Bewegung?

Beende dies und bringe deinen rechten Arm in der folgenden Art und Weise über deinen Kopf: Gleite mit deiner Hand, Handfläche nach unten, über den Nabel, die Brust, das Kinn und die Stirn. Sowie deine Hand den Kopf erreicht, drehe die Handinnenfläche zur Decke und strecke den Arm über deinen Kopf hinaus. Lasse dann den Handrücken auf dem Teppich ausruhen.

Beuge deinen Ellenbogen soweit, bis dein ganzer Arm, auch der Ellenbogen eingeschlossen, den Boden berührt. Strecke den Arm leicht bis zu dem Punkt, an dem der Ellenbogen gerade den Boden verläßt. Bringe den Arm zurück. Beuge den Arm gerade so weit, daß der Ellenbogen wieder Kontakt mit dem Boden bekommt. Wiederhole diese Bewegung viele Male. Beobachte, ob dein Arm in der Lage ist, sich weiter zu strecken – ohne den Ellenbogen vom Boden zu heben – als zu Beginn dieser Bewegung.

Bewege die rechte Ferse einige Male nach unten und zurück. Bewege jetzt Arm und Ferse zusammen. Wenn der Arm zurück zum Ausgangspunkt kommt, drücke die Ferse nach unten. Wenn der Arm sich ausstreckt, kehrt die Ferse zum Ausgangspunkt zurück. Sie gehen beide in die gleiche Richtung. Wiederhole diese Bewegung viele Male. Bewege sie beide aufeinander zu, dann voneinander weg. Welches ist die natürliche Weise. Bewege dich auf die natürliche, leichte Weise. Beende es und ruhe aus.

Strecke dein rechtes Bein aus und hebe die rechte Ferse gerade so hoch, um ein Blatt Papier darunter hervorzuziehen. Dann lasse das Bein sich entspannen und zum Boden zurücksinken. Wiederhole dies viele Male.

Beende es und hebe Arm und Bein zusammen an. Bemerke, wieviel beide wiegen, während du sie anhebst. Hebe jetzt das Bein an und spüre sein Gewicht. Hebe den Arm und spüre dessen Gewicht. Hebe beide zusammen und spüre, ob sie leichter werden. Wiederhole diese Bewegung einige Male, bis die Bewegung leicht und elegant geschieht.

Beende das und lege deinen Arm in folgender Weise zurück an deine Seite. Bringe ihn über die Stirn, während sich deine Hand dreht und die Handinnenfläche nach unten weist. Lasse dann die Handinnenfläche über deinen Bauch und zurück zum Boden an die Seite deines Körpers gleiten. Entspanne dich, mache eine Pause, strecke die Beine aus. Während du ausruhst, spüre die beiden Seiten deines Körpers. Welches Bein fühlt sich länger an? Welche Seite ist länger? Welche Seite liegt flacher am Boden?

Drehe dich auf die Seite und stehe auf. Schließe deine Augen und schaue, welche Seite freier und entspannter ist. Betrachte die eine Seite deines Gesichts und vergleiche sie mit der anderen. Bemerke, wo die äußere Ecke des rechten Auges ist und vergleiche sie mit der äußeren Ecke des linken Auges. Vergleiche die beiden Mundwinkel. Gibt es Unterschiede? Welche? Falls du einen Partner hast, schaut euch an und sucht die Unterschiede zwischen den beiden Seiten. Ist ein Auge größer und offener als das andere? Hat eine Gesichtshälfte weniger Falten und Spannung als die andere? Teilt eure Beobachtungen eurem Partner mit.

Du wirst jetzt die linke Seite deines Körpers nur in deiner Vorstellung bearbeiten. Lege dich auf den Rücken, Arme entlang den Seiten, linkes Bein ausgestreckt und das rechte Bein gebeugt, mit der Fußsohle flach auf dem Boden. Schiebe deine linke Hand, jetzt in der realen Welt, ein wenig hinunter und lasse sie zurückkommen. Spüre, was du fühlst, wenn du dich so bewegst. Komme zum Ende und drücke deine linke Ferse ein wenig hinunter und lasse sie dann zurückkehren. Spüre nach, welche Gefühle diese kleine Bewegung hervorruft.

Jetzt, nur in deiner Vorstellung, bewege dich nicht, stelle dir nur vor, daß du dich bewegst. Mache alle Bewegungen in deiner Vorstellung und empfinde wie bei der rechten Seite. Bewege deine linke Hand in deiner Vorstellung ein wenig in Richtung zum Fuß und zurück. Du kannst dies in der Vorstellung häufig und schnell tun. Achte darauf, daß du die gleichen Gefühle hervorrufst, die auftraten, als du dich auf der rechten Seite bewegt hast. Beende es und ruhe dich aus.

Bewege deine Hand in Richtung zum Fuß und erinnere dich, wie der Kopf sich bewegen wollte, um die Hand anzuschauen während sie nach unten glitt und wieder zurückkam, alles nur in deiner Vorstellung. Erinnere dich, wie das eine Ende der Wirbelsäule in die eine Richtung und das Becken sowie das andere Ende der Wirbelsäule in die entgegengesetzte Richtung gehen wollten. Erinnere dich an das Gefühl. Lasse die Bewegung in deiner Vorstellung geschehen. Während der linke Arm nach unten geht, will sich der obere Teil der Wirbelsäule nach links und das Becken und der untere Teil der Wirbelsäule nach rechts bewegen. Erschaffe die Erfahrung in deiner Vorstellung auf der linken Seite. Spüre, wie die großen Muskeln des Beckens die Bewegung unterstützen.

Beende dies und bringe die linke Hand in der realen Welt in Richtung Füße. Spürst du, daß die Bewegung jetzt eleganter, leichter und einfacher ist als einige Minuten zuvor? Lasse dein rechtes Bein sich strecken, wieder nur in deiner Vorstellung, so daß die linke Ferse sich zur entgegengesetzten Wand bewegt und dann wieder zurück. Wiederhole dies mehrmals. Das rechte Knie ist gebeugt, während der rechte Fuß auf dem Boden steht. Drücke und ziehe mit dem rechten Fuß, nur in deiner Vorstellung, um die vorgestellte Bewegung der linken Ferse zu unterstützen. Spüre wie der rechte Fuß die vorgestellte Bewegung der linken Ferse unterstützen kann, genauso wie der linke Fuß die rechte Ferse unterstützen konnte, als du dich in der realen Welt bewegt hast. Erinnere dich, wie das Becken sich hoch und runter bewegte und dabei die Bewegung der Ferse unterstützte. Lasse das Gefühl entstehen.

Beende dies und nimm deine linke Hand in der realen Welt über den Kopf, genauso wie auf der rechten Seite. Lasse den Arm flach auf dem Boden liegen, Ellenbogen sowie alles andere. Strecke deinen Arm, jetzt in deiner Vorstellung, bis der Ellenbogen sich vom Teppich hebt, lasse ihn dann zurücksinken. Spüre in deiner Vorstellung diese Bewegung genauso, wie du es auf der rechten Seite getan hast. Spüre, was Kopf, Wirbelsäule und Becken tun wollen, und lasse dies in der Vorstellung geschehen.

Beende dies, drücke in deiner Vorstellung die linke Ferse hinunter und lasse sie zurück zum Ausgangspunkt kehren. Wiederhole dies viele Male in deiner Vorstellung. Beende das, und drücke in deiner Vorstellung die linke Ferse nach unten und lasse sie dann wieder zurückkommen. Wiederhole dies viele Male. Beende auch dies und strecke und hebe die linke Hand vom Boden und laß sie zurücksinken, nur ein wenig anheben und wieder sinken lassen. Wiederhole auch dies viele Male und spüre, wie schwer der Arm ist. Beende es, hebe in deiner Vorstellung das linke Bein ein wenig, hoch und runter, nur ein wenig. Spüre, wie schwer das Bein ist. Wiederhole dies einige Male.

Jetzt beende dies und hebe in deiner Vorstellung Arm und Bein zusammen. Spüre, wieviel leichter Arm und Bein sind, wenn sie zusammen gehoben werden. Jetzt lasse sich nur dein Bein einige Male heben, alles nur in der Vorstellung. Komm zum Ende und lasse deinen Arm sich heben. Spüre, wie schwer er ist. Lasse beide sich wieder in deiner Vorstellung heben, und spüre, ob sie nicht leichter geworden sind.

Beende auch diese Bewegung, komme zurück in die reale Welt, strecke dich aus und mache Pause. Sind die beiden Seiten deines Körpers symmetrischer? Erscheinen sie gleich lang? Strecke in der realen Welt beide Arme über deinen Kopf aus, die Handrücken flach auf dem Boden und hebe dein rechtes Bein und den linken Arm zur gleichen Zeit und lasse sie zur gleichen Zeit zurückkehren. Ist das leichter, als Arm und Bein der gleichen Seite zu heben? Probier es aus. Hebe den rechten Arm und das rechte Bein zur gleichen Zeit. Hebe jetzt ein diagonales Paar und spüre, was leichter ist. Hebe das andere diagonale Paar. Welches Paar ist leichter?

# Anweisungen für Zazen

Zazen ist die grundlegende Übung des Zen-Buddhismus, da es die einfachsten Bedingungen darstellt, in der ein erhöhter Bewußtseinszustand erfahrbar ist. Es steigert die Wahrnehmung für subtile Körperempfindungen und Körperverbindungen sowie für den Energiefluß. Es klärt und erhöht die eigene Lebensenergie. Sayama schreibt:

> Es ist eine Nachahmung der Form des Shakamuni unter dem Bo-Baum. Zazen befreit die Bewußtheit von der bewußten Kontrolle. In psychodynamischen Begriffen kann man sagen, daß es die Lebensenergie ausbildet, die benötigt wird, um höhere Ebenen des Unbewußten zu erfahren. Alle Zen-Meister haben Zazen praktiziert. Es sollte aber daran erinnert werden, daß Nan-Yueh die Anstrengungen von Ma-Tsu, durch Zazen-Sitzen ein Buddha zu werden, belächelt hat. Er verglich es mit dem Versuch, einen Stein mit einem Taschentuch zu polieren, um einen Spiegel zu erhalten.
>
> Während ein Mensch Zazen praktiziert, treten signifikante physiologische Veränderungen auf. Diese beinhalten eine Veränderung der Hirnströme von Beta-Wellen über Alpha- zu Theta-Wellen. Das Atemvolumen ist bei niedriger Atemfrequenz vergrößert. Auf einen Klick-Stimulus folgt eine verkürzte Reaktionszeit und Gewöhnung bleibt aus. Man beobachtet eine größere physische Stabilität und eine geringere muskuläre Anspannung. Es gibt die Überlegung, daß die Konzentration und der Druck auf den unteren Teil des Bauchraums das autonome Nervensystem anregen und Blut, das in Leber und Milz gespeichert ist, zum Zirkulieren gebracht wird. Dies kommt der Tätigkeit eines zweiten Herzens nahe.[1]

Die folgenden Anweisungen sind dem Buch „An Introduction to Zen-Discipline" von Omori Sogen Rotaishi, Dharma-Nachfolger in der Tenryu-ji-Nachfolge des Rinzai Zen, entnommen.

> Um gut Zazen zu sitzen, muß man Geist, Körper und Atmung harmonisieren. Nur wenn diese drei als Einheit erkannt werden, wird es möglich, eine Stabilisierung und Beruhigung des Körpers und des Geistes gleichzeitig zu erreichen. Jedes dieser drei Dinge ist untrennbar mit den anderen beiden verbunden[2].

## *Zur Beachtung*

Anfänger neigen dazu, daß sie den Bereich des unteren Bauchraumes überlasten, da die Betonung auf diesen Bereich gelegt wird. Jedes Individuum ist unterschiedlich in seiner physischen Struktur und muß sich dementspechend selbst anleiten. Man sollte so sitzen, daß die eigene Energie den ganzen Körper durchströmt, anstatt sich selbst dazu zu zwingen, physischen Druck auf den unteren Bauchraum auszuüben. Nur nach langer Erfahrung in der Praxis des Zazen kann man den Unterschied zwischen spiritueller und physischer Kraft verstehen. Die Wahrheit liegt allein im Zustand des Mu. Man gelangt in den Zustand der Leere durch stetige Konzentration der Kraft des ganzen Körpers auf das Tanden und durch das Einströmen der Lebensenergie in den ganzen Körper, von diesem Punkt aus.

Zazen ist keine Prüfung in stillem Aushalten. Es ist sinnlos, lange Zeit ohne Konzentration und ohne Einheit von Körper und Geist zu sitzen. Dreißig oder vierzig Minuten, die Zeit, die ein Räucherstäbchen benötigt, um abzubrennen, ist für Anfänger angemessen. Fünf oder zehn Minuten sind genug, wenn man voll konzentriert und ernsthaft sitzt. Entscheidend ist mehr das Maß an Konzentration als die Länge des Sitzens.

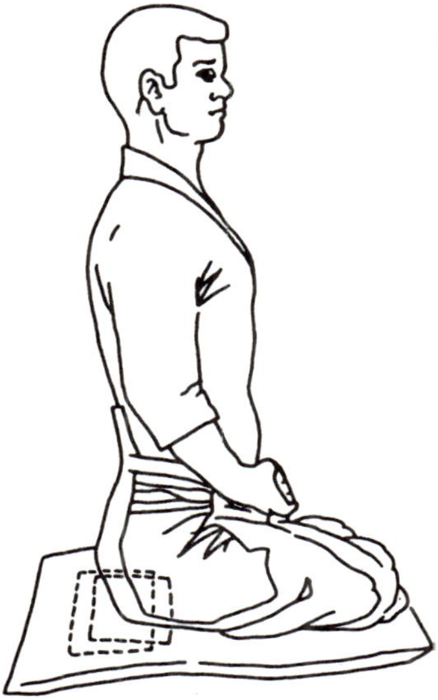

**Figur A 1. Anordnung der Kissen**
Nimm ein großes und zwei oder drei kleine Kissen. Stecke die kleinen unter das große, so daß sie als Keile wirken. Setze dich mit den Pobacken vor das Zentrum des Keils.

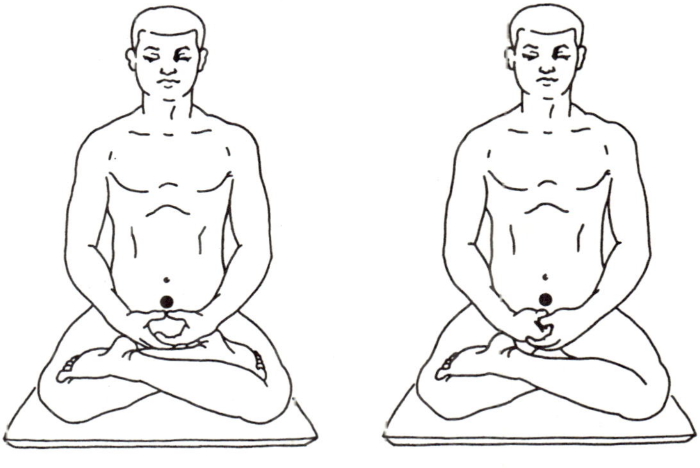

**Figur A 2. Die volle und halbe Lotus-Position**
Um die volle Lotus-Position, wie sie auf der linken Seite gezeigt wird, einzunehmen, lege den rechten Fuß nahe zur Basis des linken Oberschenkels und lege den linken Fuß auf den rechten Oberschenkel.
Um die halbe Lotus-Position, wie auf der rechten Seite gezeigt, einzunehmen, lege einfach den linken Fuß auf den rechten Oberschenkel oder den rechten Fuß auf den linken Oberschenkel.

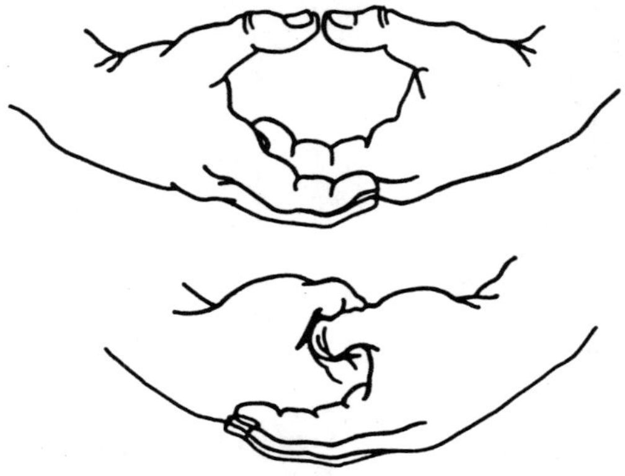

**Figur A 3. Haltung der Hände**
Im oberen Bild liegt die linke Hand, Handinnenflächen nach oben, die Finger beieinander, in der Handinnenfläche der rechten Hand. Die inneren Seiten der Daumenspitzen berühren sich und bilden eine Elipse. Von oben gesehen liegen die Daumen in einer senkrechten Ebene mit den Mittelfingern. Zu der alternativen unteren Haltung: greife die Spitze des linken Daumens mit einem Ring aus Daumen und Zeigefinger der rechten Hand. Bilde eine weiche Faust mit der rechten Hand und umschließe sie mit der linken.

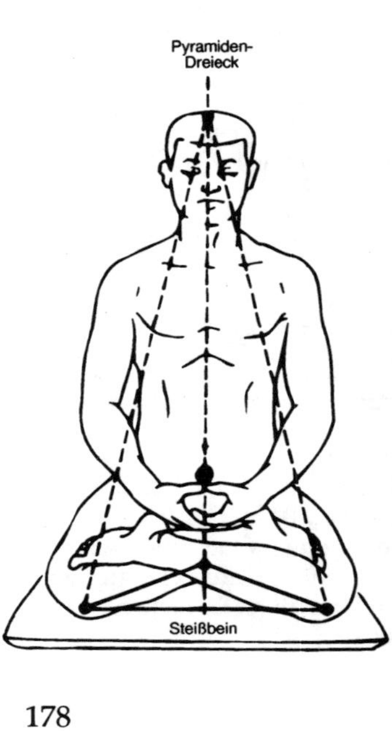


**Figur A 4. Stabilisation des Körpers (Sicht von vorn, volle Lotus-Position)**
Ein sehr stabiler und gut sitzender Körper hat die Form einer Pyramide. Die Basis ist ein imaginäres Dreieck, das aus den Linien geformt wird, die die zwei Knie mit dem Steißbein verbinden. Die diagnonalen Kanten steigen von den beiden Knien und dem Steißbein zur Spitze des Kopfes auf und vervollständigen die Pyramide.
Bewege den Körper von rechts nach links und wieder von links nach rechts. Die Amplitude dieser Bewegung sollte zuerst groß und dann schrittweise abnehmen, bis der Körper bewegungslos ist und stabil wird.

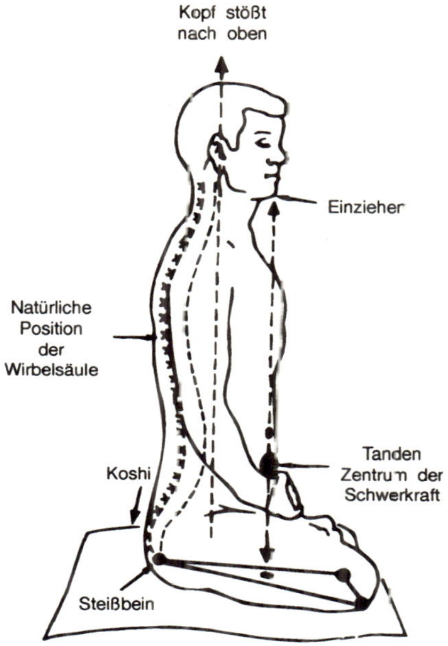


**Figur A 5. Stabilisation des Körpers (Seitenansicht)**

a. Richte die Wirbelsäule dadurch auf, daß der Oberkörper nach vorn geneigt wird. Drücke dann den Po zurück, ohne ihn zu bewegen, während du den Oberkörper so bewegst, als ob der Hinterkopf in den Himmel stoßen wolle. Diese Aktion wird die Wirbelsäule in eine natürliche Aufrichtung bringen.

b. Drücke den Unterbauch nach vorn, um die Hüften zu strecken. Hebe den Oberkörper, bis er in eine Senkrechte mit dem gestreckten Nacken kommt und der Unterkiefer nach innen gezogen ist. Der Schwerpunkt fällt jetzt mit der geometrischen Mitte des liegenden Dreiecks zusammen.

c. Überprüfe, ob der Unterkiefer nach innen gezogen ist und der Nacken aufgerichtet. Falls sie sich in der richtigen Position befinden, liegen Ohren und Schulter in der gleichen senkrechten Ebene.

d. Überprüfe die Position des Unterbauchs und der Hüften. Wenn der Unterbauch nach vorn gedrückt und der Hüftknochen aufrecht steht, sollten Nase und Nabel in der gleichen Ebene ausgerichtet sein.

e. Lasse die Zungenspitze den Oberkiefer berühren, während die Zähne leichten Kontakt zueinander halten.

f. Sitze bequem, schwer und in aufmerksamer Würde, wie der Fuji-Jama, der in den Himmel ragt und die östlichen Meere überblickt.

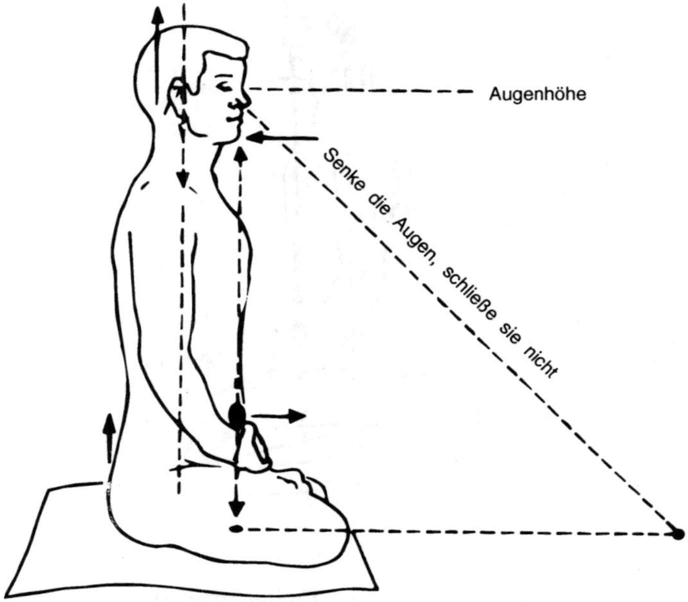


**Figur A 6. Blickrichtung**

Den Blick ausrichten hilft, die Aufmerksamkeit zu bündeln, und damit eine Ablenkung durch innere oder äußere Reize zu verhindern.
a. Die Augen sollen geradeaus schauen, das Gesichtsfeld 180° betragen. Senke die Augen ab und richte sie auf einen Punkt, der etwa einen Meter vor dir liegt. Die Augen sollten halb geschlossen sein, in selbstloser Ruhe, weder sehend, noch nicht sehend.
b. Die Augen sollen nicht geschlossen sein. Um den Zustand der Zen-Konzentration zu erreichen und deine innere Kraft aufs äußerste zu erheben, ist es wichtig, die Augen offen zu halten. Wenn jemand mit geschlossenen Augen ruhigbleibt wie totes Wasser, wird er niemals für die Gesellschaft nützlich sein. Vielleicht ist es für uns leichter, eine spirituelle Einheit zu erlangen, wenn wir die Augen schließen, dies wird aber träges Zazen sein. Einfacher ausgedrückt, bewahren uns die offenen Augen davor, während der Meditation einzuschlafen.

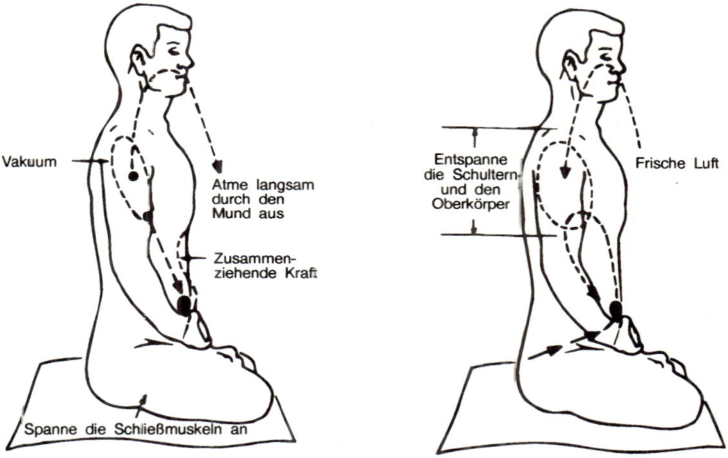


**Figur A 7. Tiefes Atmen zu Beginn**
Tiefes Atmen harmonisiert Körper und Geist.

a. Atme langsam durch den Mund aus, als ob die Atmosphäre mit dem Unterbauch verbunden werden soll. Entleere alle verbrauchte Luft mit der Kraft, die durch die Kontraktion des Unterbauchs geschaffen wird. Entspanne den Unterbauch am Ende der Ausatmung.

b. Aufgrund des atmosphärischen Drucks wird frische Luft natürlicherweise durch die Nase einströmen und das Vakuum in den Lungen füllen.

c. Nach dem vollen Einatmen mache eine kleine Pause und mit dem Koshi (Koshi und Hara beziehen sich beide auf den Unterbauch, die Hüften, den Lendenwirbelbereich und den Po als eine Funktionseinheit. Koshi betont den physischen Körper, während Hara mehr spirituelle Bedeutung hat) nach vorn gedrückt, presse die eingeströmte Luft leicht in einer schaufelnden Bewegung in den Unterbauch. Der Schlüssel dazu ist die Kontraktion des Schließmuskels.

d. Beginne die Ausatmung unmittelbar bevor du dich unwohl fühlst. Wiederhole diese Art der Bewegung vier bis zehnmal.

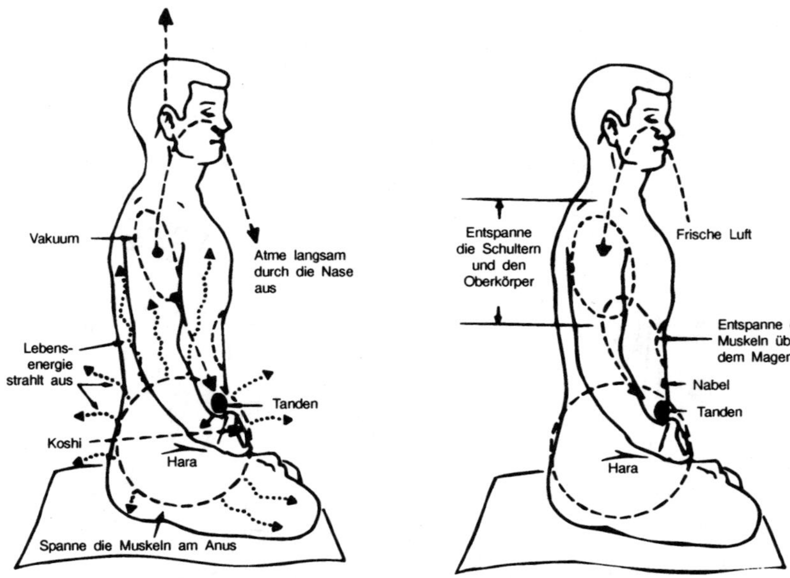


**Figur A 8. Atmen in der Meditation**

a. Wenn die Atmung harmonisiert ist, beginne bei geschlossenem Mund durch die Nase zu atmen. Die natürliche Einatmung geht durch die Nase. Die einströmende Luft kommt naturgemäß zu den Lungen, aber indem du die Muskeln rund um den Beckenboden entspannst, kannst du fühlen, wie die Luft den Bereich unterhalb des Nabels füllt.

b. Atme durch die Nase aus. Der Atem sollte lang und mit Hilfe der Kraft der Abdominalmuskeln gegen das Tanden gerichtet sein. Kontrahiere die Muskeln rund um den Anus und kippe die Hüften nach oben und ein wenig nach vorne. Die Kraft soll sich anfühlen, als ob sie aus dem Bereich unterhalb des Nabels kommt. Im Prozeß der kraftvollen Ausatmung zieht der Druck des Unterbauchs den Bauchbereich zurück. Die Konzentration auf die unteren Extremitäten des Körpers soll zur Entspannung der Schultern und des Oberkörpers führen.

c. Die Einatmung soll natürlich geschehen, so wie die frische Luft das Vakuum in den Lungen füllt.

d. Anfänger sollten das Atmen mit dem Tanden absichtlich üben. Nach und nach wird die bewußte Anstrengung sich verringern und die Atemfrequenz natürlicherweise abnehmen. Im Ausatmen und Einatmen wird eher Energie als physische Kraft im Unterbauch konzentriert. Wenn die Lebenskraft im Tanden und im Hara angereichert ist, wird diese spirituelle Kraft und Lebensenergie sich durch den ganzen Körper ausbreiten.

e. Zähle deine Atemzüge mit deiner ganzen spirituellen Kraft, als ob du versuchen würdest, zum Mittelpunkt der Erde vorzudringen. Zähle die Frequenz der Ausatmung von Eins bis Zehn. Zähle in Silben so lang wie die Ausatmung dauert. E......ins. Z......wei. usw. Folge während des Zählens mit deinem geistigen Auge der ausströmenden Luft. Falls du dich verzählst, bevor du zehn erreichst oder über zehn hinausgezählt hast, beginne wieder mit eins.

f. Um Unstimmigkeiten zwischen deiner Atmung und dem Zählen zu vermeiden, ist es wichtig, daß du deinen Geist mehr auf das Zählen als auf die Atmung an sich konzentrierst. Fühle, ob du im Gleichklang mit dem Zählen atmest.

## Anmerkungen

### Meine Transformation

1. Ich wollte dieses Kapitel nicht ins Buch übernehmen, wurde aber von denen, die halfen das Buch zusammenzustellen, überstimmt.

### Faszie

1. Ida Rolf, *Explorers of Humankind*, Hrsg. Thomas Hanna (New York: Harper and Row, 1979), S. 55
2. ebenda, S. 56
3. Ida Rolf, *Ida Rolf talks about Rolfing and Physical Reality* (New York: Harper and Row, 1978), S. 70

### Bewegung und Bewußtheit

1. Moshe Feldenkrais, „Awareness through Movement," *The 1975 Annual Handbook for Group Facilitators*, Hrsg. John Jones & William Pfeiffer (La Jolla, Ca.: University Associates Publishers, 1975)
2. Moshe Feldenkrais, unveröffentlichte Transkripte von zwei Vorträgen auf dem Kopenhagener Kongreß für Funktionale Bewegung und Entspannung
3. ebenda
4. ebenda
5. ebenda
6. ebenda
7. ebenda

### Dubbing

1. Janet Travell and David Simons, *Myofascial Pain and Dysfunction* (Baltimore: Williams and Wilkins, 1983), S. 4

### Lebensenergie

1. Mike Sayama, *Samadhi, Self Development in Zen, Swordsmanship, and Psychotherapy* (New York: State University of New York Press, 1986), S. 78

2. ebenda, S. 80-81
3. ebenda, S. 80
4. Jackson Morisawa, *Zen Kyudo* (Honolulu: International Zen Dojo, 1985), S. 78
5. Sayama, S. 86

**Den Alterungsprozeß umkehren**

1. James Fries & Lawrence Crapo, *Vitality and Aging* (San Francisco: W.H. Freeman, 1981), S. 109
2. Thomas Hanna, „The Myth of Aging", *Somatics*, III, 4 (Spring/Summer, 1982), S. 17

**Anhang**

1. Mike Sayama, *Samadhi* (New York: State University of New York Press, 1986), S. 119-120
2. Omori Sogen, Unveröffentlichte Übersetzung von *An Introduction to Zen Discipline*

# Literatur

Feldenkrais, Moshe, „Awareness through Movement," *The 1975 Annual Handbook for Group Facilitators*, ed. John Jones and William Pfeiffer (La Jolla, Ca.: University Associates Publishers, 1975)
—, Unveröffentlichte Transkripte von zwei Vorträgen auf dem Kopenhagener Kongreß für Funktionale Bewegung und Entspannung.
Fries, James & Crapo, Lawrence, *Vitality and Aging*. San Francisco: W.H. Freeman and Company, 1981.
Hanna, Thomas, „The Myth of Aging", *Somatics* III, 4, Spring/Summer, 1982.
Morisawa, Jackson, *Zen Kyudo*. Honolulu: International Zen Dojo, 1985.
Omori, Sogen, *An Introduction to Zen Discipline*, Unveröffentlichte Übersetzung.
Rolf, Ida, *Ida Rolf talks about Rolfing and Physical Reality*. New York: Harper and Row, 1978.
—, Explorers of Humankind. Ed. Thomas Hanna. New York: 1979.
Sayama, Mike, *Samadhi, Self Development in Zen, Swordsmanship and Psychotherapy*. New York: State University of New York Press, 1986.
Travell, Janet & Simons, David, *Myofascial Pain and Dysfunction, The Trigger Point Manual*. Baltimore: Williams and Wilkins, 1983.

Weitere Informationen zu Zen-Körpertherapie
sowie Informationen über Seminare, Ausbildungs-
programme und Audiocassetten
erhalten Sie bei:

Barbara Stock
Tiefskaule 11
51515 Kürten

sowie bei:

International Zentherapy ® Institute, Inc.
Honolulu, Hawaii
Melim Building Suite 700 • 333 Queen Street
Honolulu, HI 96813
Fon: +1-808-528-26 66 / Fax: +1-808-523-30 52